インターネット広報の普及・進展と自治体

五年間にわたる一地方県域レベルの調査研究を通して

賀来 健輔 著

インターネット広報の普及・進展と自治体
――五年間にわたる一地方県域レベルの調査研究を通して――

目　次

序　章 …………………………………………………………………………………… *1*

　　1．問題の所在　*1*
　　2．本書の構成と用語法その他について　*5*

第1章　岩手県域自治体を対象とした第1回（1996年）調査 ……………… *9*

　　1．はじめに　*9*
　　2．自治体におけるインターネットの活用動向　*10*
　　3．岩手県内自治体の現状(1)
　　　　～「第1回インターネットを利用した
　　　　　　　自治体広報活動に関するアンケート調査」結果より　*13*
　　4．岩手県内自治体の現状(2)～ホームページの観察調査の結果より　*28*
　　5．第1回調査における活用課題　*34*

第2章　岩手県域自治体を対象とした第2回（1998年）調査 ……………… *42*

　　1．はじめに　*42*
　　2．自治体におけるインターネットの活用動向　*44*
　　3．岩手県内自治体の現状(1)
　　　　～「第2回岩手県内自治体におけるインターネットを利用した
　　　　　　　自治体広報活動アンケート調査」結果より　*47*
　　4．岩手県内自治体の現状(2)～ホームページの観察調査の結果より　*67*
　　5．第2回調査における活用課題　*74*

第3章　岩手県域自治体を対象とした第3回（2000年）調査 ……………… *80*

　　1．はじめに　*80*
　　2．自治体におけるインターネットの活用動向　*81*
　　3．岩手県内自治体の現状(1)
　　　　～「第3回岩手県内自治体におけるインターネットを利用した
　　　　　　　自治体広報活動アンケート調査」結果より　*82*
　　4．岩手県内自治体の現状(2)～ホームページの観察調査の結果より　*111*
　　5．第3回調査における活用課題　*115*

第4章　補論　都道府県自治体を対象とした調査（1998年）……………… *117*
　　　　―インターネット上の'開かれた自治体'に対する自治体の意識に焦点をあてて―
　　1．自治体におけるインターネットの活用動向　*117*
　　2．インターネット上の'開かれた自治体'　*118*
　　3．インターネット上の'開かれた自治体'に対する自治体の意識
　　　　　　　　　　〜全国都道府県アンケート調査の結果より　*123*
　　4．都道府県アンケート調査結果から見た活用課題　*137*

終　章　インターネットを活用した自治体広報活動に関する課題と展望…… *141*
　　1．結　論　*141*
　　2．課　題　*145*
　　3．展　望　*148*

　　付　　録 ……………………………………………………………… *153*

　　参考文献 ……………………………………………………………… *180*

あとがき ………………………………………………………………… *187*

情報は，民主主義の通貨である。
また情報化時代のテクノロジーは，より公正で豊かな社会を作るために，
情報を早く，正確に，そして安く使えるようにしてくれる。
しかし，テクノロジー自体はそれほど重要ではない。
結局テクノロジーとは，質や量
そしてその利用を決める権力と富の反映に過ぎないからである。

ラルフ・ネーダー *

＊ Nader, Ralph, 1996, "Digital Democracy in Action," *Forbes*, No.1202. (http://www.forbes.com/,『フォーブス日本語版』ぎょうせい，1997年4月号55頁）ただし，一部改訳を施してある。

序　章

1．問題の所在

　現在中央政府，地方自治体における大きな課題の1つが，行政のIT化，情報化にあることは疑問を挟む余地はない。それは，電子政府，電子自治体の構築を意味し，事実庁内のペーパーレス化，LAN化を始め，インターネット上の各種申請用紙の入手，申請，そして広報広聴活動等様々な分野で形となって現れ始めている。その熱気の一端は書店の行政学コーナーを一瞥してもらえば，このような行政情報化に関する書物が氾濫していることからも容易に理解し得るはずである[1]。いずれも諸手を挙げた無批判な行政情報化バラ色論であり，これには少々閉口させられるが（この点には多くの問題を含んでいるように思われるが，本書の直接的なテーマではないので今回は立ち入らない），それはさておき本書を同様の理解を深めるために手に取られた読者がいるとすれば，残念ながら本書は密接な関係を保ちながらも行政情報化を中心に取り上げることを目的とするものではない。

予め明らかにしておくが，そもそも筆者はIT化礼賛論者ではない。内容的には自治体のインターネットの活用を中心的に取り上げてはいるが，それは新しい広報ツール，行政と住民とのよりよい公衆関係（Public Relations＝PR）を築いていくためのコミュニケーション・ツールとして成り立ち得るのか，という点に最大の関心を寄せている。つまり，極めて限定的な範囲でITの広報ツールとしての活用を検討しようするものである。その意味では先のいわゆる「行政情報化本」とは全く一線を画している。本書はあくまでも純粋に行政学の立場から，自治体広報論を展開しようとするものである。それでは以下，問題設定――本書を貫く問題意識，関心事――を5点ほど示しておきたい。

　まず第1点めは，一自治体広報論研究者として新しいコミュニケーション・ツールとしてのインターネット活用という場面に出発点から立ち会えたことは，正直なところ非常に幸運な出来事であった。広報広聴活動の手段として既存の紙媒体，あるいは電話やファックス等の通信ツールと同様，いやそれ以上に利用価値の大きい双方向的なコミュニケーションを可能にするかもしれない新しいツールが行政，住民の間に爆発的に普及，進展していく過程で，自治体広報活動はどのようにそれを活用していくのか，を時系列的に克明に描きたいという強い衝動があったのは確かである。

　また，この点に関しては，インターネット広報の現状と課題に関する記述は散見されるものの，年月をかけて本格的に取り組んだ調査研究には未だなお出会っていないことも関連している。これは可能な限り書誌データベースを使って調べてみたものの，日本のみならずIT先進国と言われる欧米諸国でもそのような研究は今のところ見つかっていない。他に類例の調査研究が存在しないということは，今後の他の研究者の同様の調査研究に際して何らかの参考に資するのではないかと考えたこともある。

　第2点めは，実際見るところ自治体のインターネット活用は，ホームページを開設し各自治体を当該自治体の外に向けて紹介するという広報活動の一環から始まっていることは明らかである[2]。しかし，今日まで電子自治体化が進行する中で自治体の各課（原課）が個別に広報のホームページを持つようになったところも少なくない。だとすると，この点ホームページに関しては広報課の役割

が徐々に狭まっていくのではないか，という不安がある．つまり，他課と同じレベルでの1つの課としての役割しか見いだせなくなるのではないか（埋没してしまいはしないか）という危惧である．この点に関し，広報部門は今後どのように積極的な関わり方を保っていけるかという点に関心を抱いたことも1つの動機となっている．

　第3点めは，このような最新のツールの活用に関し，首長のリーダーシップ，あるいは広報部門の姿勢によって自治体間で差が出てくるのか，また，活用先進自治体を県域内に持つところでは，他の近隣自治体にも好ましい相乗効果を及ぼすのか，というのも問題意識の1つになっている．この点幸い，調査研究時筆者が居住していた岩手県は，いわゆる「改革派」知事[3]が強いリーダーシップを発揮し，行政のあらゆる分野で目立った改革を施し，県民からも絶大な支持を得ていた．このような県知事を擁するところで，インターネット活用はどのように行われていったのかを時系列的に測ることは非常に興味深い関心事であった．

　第4点めは，今回対象とした県域である岩手県内各自治体の多くは過疎・高齢化を深刻に抱える自治体でもある．この点に関し，広報活動のツールにインターネットを加えることでどのような意味をもたらすのか，という問題意識を持ったことも1つにある．これは1つ岩手県に限らず，多く地方に所在する（考えてみればごく少数の大・中都市圏を除いては皆同様の問題を抱えていることが察せられるはずである）日本の各自治体に共通する課題でもあり，その意味でこの調査検討は何らかの示唆を与え得るのではないかと考えたこともある．

　最後に第5点めは，インターネットを新しい広報ツールに加えることによって，自治体の広報部門はどのように変化を及ぼし得るのか，という点である．つまり，IT化が広報部門を活性化し，従来のルーチン業務に陥りがちだった広報部門のイノベーションに寄与しはしないかと考えたのである．それはまた沈滞傾向の自治体広報論に一石を投ずることにもなり，自治体広報論自体のイノベーションの契機に繋がりはしないかという淡い期待を含むものでもある．

　以上5点ほどが，本書執筆の主要な動機となっている．それでは，まず本書を展開していくにあたって，ごく一般的な現在の（広義の）広報体系を提示しておくことにしよう（図序－1）．

図序-1　広聴広報の体系図

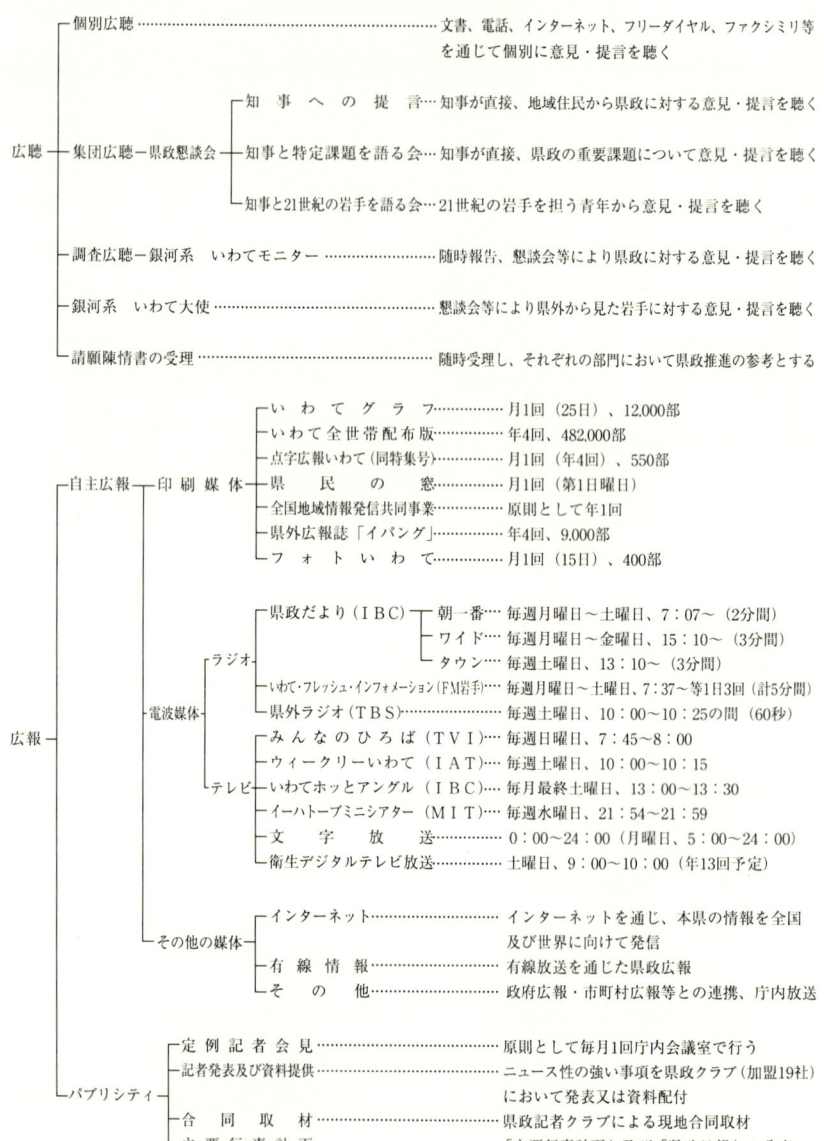

出典）岩手県企画振興部広聴広報課『職員のための広聴広報まにゅある』1998年，4頁。

2．本書の構成と用語法その他について

　本書の構成は，まず序章において本書を貫く問題意識，主要な関心事を述べ，その構成と用語法に関する説明を行っている。次に第1章(1996年)，第2章(1998年)，第3章(2000年)においては，それぞれ年代順に全国自治体のインターネットの活用状況，岩手県域自治体におけるインターネット活用に関するアンケート調査により各自治体の意識把握，および自治体ホームページの観察調査を行い，それぞれの時点における活用課題を検討している。第4章(1998年)補論では，第2章と時期を同じくして全国の都道府県レベルにおける同様の調査検討を行ったものである。これは岩手県域レベルにおける調査研究に厚みを持たせる目的で行ったものであり，全国の都道府県レベルという限定はされてはいるものの，比較検討の材料としている。なぜ第2章時との関連でそれを行ったかについては，岩手県域レベルでも全国レベルでもこの時期までがホームページの開設数が多かったことによる。特に岩手県に関しては，この調査により全国都道府県との比較検討が可能となった。

　最後に終章においては，本書の問題設定に対する結論をまとめ，次に自治体におけるインターネット活用に関する課題，および本調査研究に際しての筆者自身の課題を挙げ，最後に今後の展望について述べる。

　次に本書の用語法その他について，若干の説明を付しておく。

　まず「広報」という用語に関して。一般に「広報」という用語は，2つの意味合いを含むものとして理解されている。1つは広義の意味合いで「広報活動」と「広聴活動」の双方を含んだものとして，もう1つは狭義の意味合いで「広報活動」だけを指す場合である。本書では，なるべく「(広義の)」，「(狭義の)」という語を頭に付し，厳密な区別をするように心がけてはいるが，部分的に煩雑さや文の流れが途絶えるのを避けるためにそれを付していない箇所もある。この点については，その文脈の前後からどちらの意味で使用しているのか判断して頂きたい。

　次に「ホームページ」という用語に関して。本書で使用している「ホームページ」という用語は，本来正式な用語法では，「ウェブ・サイト (web site)」と呼

ぶべきものである。「ホームページ」とは正確にはトップ画面のことであり，従ってその意味からは自治体の「ウェブ・サイト」の開設などと表記するのが妥当である。しかし，本書では日本で開設当初から馴染んでいる用語法と言える「ホームページ」という用語をそれに充てている。

さらに「情報の公開・提供」という用語に関して。本書の中において，この用語法が至るところに出てくるが，本来情報の「公開」といえば，いわゆる情報公開制度に則って開示請求をした場合の意味で「公開」が多く使用されており，広報活動のような情報提供施策において使用するのはいささか問題があると思われる向きもあるかもしれない（一般的な情報公開の体系は，表序－1を参照）。しかし，筆者のここにおける含意は，従来行政側が情報提供をするのを拒み，住民の要求に応えてこなかったような文書等を自主的に提供するという意味合いから，敢えて「公開・提供」という2つの用語を付して使用しているの

表序－1　情報公開の体系

		特定の者に公開するもの	不特定多数の者に公開するもの
情報公開が政府機関の裁量に委ねられているもの（情報提供施策）	積極的な情報需要の存在を前提にしないもの（広報施策）	紹介案内 資料提供 指導助言 etc.	施策案内，行政資料の刊行，配布，販布等の個別広報 広報誌紙の発行等の総合広報 etc.
	積極的な情報需要の存在を前提にするもの（情報センター施策）	案内窓口 相談窓口 個別窓口の情報展示コーナー etc.	議会図書館（室） 資料室，刊行物センター 公文書館（室） 図書館（室）etc.
情報公開が政府機関に義務づけられているもの（情報公開制度）	開示請求を前提にしないもの（情報公表義務制度）	行政手続の一環として行なわれる告知，教示 etc.	会議の公開，議事録の公表 条例等の公布，公示 公報による公表，告示 財政状況の公表，計画，アセスメント報告書等の縦覧
	開示請求を前提にするもの（情報開示請求制度）	証明書の交付 個人情報の開示請求 行政手続の一環として行なわれる関係文書の閲覧請求 etc. （特定情報開示請求制度）	情報公開法（条例）にもとづく情報の開示 （一般情報開示請求制度）

出典）『地方自治体における情報公開に関する研究』地方自治協会，1983年，18頁。

である。その点予めご承知おき願いたい。

　また，本書で紹介しているホームページ・アドレスは原則としていずれも調査当時のものであり，現在変更になっているものも多い。この点サーチ・エンジン（検索サイト）などで改めて検索し，新たにアクセスされたい。ただ，注の参照文献については，今回一書にまとめるにあたって最新の論稿（2003年3月現在）を新たに付け加えてある。

　最後に本書で行ったアンケート調査は，いずれも自由記述による設問以外は，予めこちらが用意した回答項目から該当するものにチェックしてもらうという方法で行っている。

【注】

1）あまた溢れるそういった類いの本の中で，象徴的なものをいくつか掲げておく。榎並利博『電子自治体──パブリック・ガバナンスのIT革命』東洋経済新報社，2002年，榎並利博『自治体のIT革命』東洋経済新報社，2000年，日立総合計画研究所（白井均・城野敬子・石井恭子・永田祐一）『電子政府最前線』東洋経済新報社，2002年，日立総合計画研究所（白井均・城野敬子・石井恭子）『電子政府──ITが政府を革新する』東洋経済新報社，2000年，井熊均『電子自治体──2003年ネット革命で「役所」が消える』日刊工業新聞社，2000年，井熊均編『図解eガバメント』東洋経済新報社，2000年等々。この他参考文献欄も参照。これらはいずれもシンクタンクのコンサルタント等の手によるものであり，あたかも中央政府や自治体を煽って行政情報化に関するハード面，ソフト面の事業を受注するための啓蒙書のようである。

2）本書第1章以下。および『広報』第592号，日本広報協会，2001年9月号，特集「データでみる自治体広報〜平成12年度・市区町村広報広聴活動調査」を参照（10〜34頁）。同特集のアンケート調査結果によって，現在でもホームページの担当課の圧倒的多くを広報広聴主管課が占めていることがわかる。（調査の概略は，「平成12年度・市区町村広報広聴活動調査」。調査時期：平成12年12月末。調査票の配布・回収：各都道府県広報広聴主管課経由。調査対象自治体数：3,252［市区694/町村2,558］，調査表回収自治体数：3,043［市区640/町村2,403］。回収率：93.6％。＊区は東京23区のみ，となっている）。

3）増田寛也岩手県知事。現在3期目。元建設官僚。1995年旧新進党等の推薦で当選。1999年統一地方選で再選。この際全方位型にシフト転換。県民党を標榜し，各政党と一定の距離を保つようになる。特に増田自身の色が鮮明に出てくるのは，この第2期目以降である。今回春の（2003年4月）統一地方選では，さらに無党派色を強くし，どの政党からも推薦支持を受けるのを拒否し立候補，圧倒的強さで3選を果たした。
　宮城県の浅野史郎，三重県の北川正恭（当時），高知県の橋本大二郎等各知事と並び

全国に数人点在する「改革派」知事の1人としてつとに知られている。従来の官僚出身知事にありがちな公共事業中心の中央直結・開発型の地方行政とは対極的な,特に地方分権への対応・行政改革に力を注ぐ。全国に先駆けたパブリック・コメント制度の導入を始め,行政システム改革,情報公開条例の改正,県のISO14001取得(東北各県では初めて)等積極的な行政をあらゆる分野で展開している。なお,道州制を見据えた北東北三県(岩手,青森,秋田)の合併論を展開していることでも有名である。以上『岩手年鑑』岩手日報社,2000年版(1999年発行),2001年版(2000年発行)他を参考にした。なお併せて岩手県のホームページも参照のこと。ホームページ・アドレスは,http://www.pref.iwate.jp/。

第1章
岩手県域自治体を対象とした第1回（1996年）調査

1. はじめに

　世はまさにインターネット花盛りといった状況である。いささかその言葉も使い古された感がないでもないが，ともあれわが国の経済・社会に相当のインパクトを与えているという点に関しては誰しも否定し得ない事実となっている。政治・行政分野においてはやや波に乗り遅れた感があったものの，ここにきてようやく本格的に緒につき始めたように思われる。そのきっかけとなったのは既に指摘されて久しいように，総理府首相官邸のホームページ開設や神戸市が阪神・淡路大震災の際にインターネットで世界に向けて情報発信を行ったことなど[1]であることは疑う余地のないところであろう。以後政治過程の諸アクター（政党，政治家個人，利益集団，市民団体，行政機関等）が競ってインターネット上にホームページを開設し，それぞれ活発な活動を展開している。
　そして，その傾向はまた自治体においても例外ではなく，既に全国のかなりの自治体がホームページを開設し，他の自治体もそれに追随する動きが見られる[2]。

この自治体によるホームページの開設すなわちインターネット上の活動は，いわゆる自治体広報活動の一環として捉えることが可能である。しかし，果たして今後自治体広報活動の手法の1つとして定着し，その主たる目的としてある'行政と住民との円滑なコミュニケーション'すなわちPR（Public Relations）の意味するところの公衆関係の建設的発展に寄与し得るか否かは未だ未知数と言わねばならない。その意味では現時点において，どの自治体もおよそ手探りの状態で取り組んでいるように思われる。それは本書の調査対象県域である岩手県内の各自治体の動向を眺めてみても，ほぼ同様である。

さて，このようなインターネットと自治体広報活動を焦点とする考察を行うにあたっては，できれば全国規模，少なくともブロック単位の実態調査や他都道府県域単位との比較検討が不可欠であることは十分に承知しているが，本書ではまだ類例が見当たらないことから，その予備的作業の意味合いとして，ひとまず岩手県内の各自治体を対象としたアンケート調査と，実際に筆者がこの目で見た観察調査を行うことでインターネットを活用した自治体広報活動の現状を探り，現在どのような課題を抱えているのかを検討する。

2．自治体におけるインターネットの活用動向

自治体に限らずいわゆるインターネット上にホームページを開設するといった場合，それは専らWWW（=World Wide Web）という方法を使って行うことを意味する。詳細は専門書に譲る他ないが，大雑把にいってそれは，画像，音声，動画を見ることを可能にし，そして，何よりもインターネットの利用価値を高めている要因といわれるリンク機能を備えていることがその特徴として挙げられる。このリンク機能によって，見ている画面から他の関連する画面やサイトへ瞬時に移動することが可能になる。文章で表現することはいささか困難を伴うが，例えばA市のホームページを見ていて，姉妹都市のアメリカB市が紹介されていたとしよう。もしその時B市にリンクが貼られていれば，その文字をクリックすることによって，一気にアメリカB市の発信するホームページに辿り着くことが

できる[3]。このような世界中から発信されるWWWという方法を使ったありとあらゆる分野のホームページが，現在インターネット上に氾濫しているのである。

これら無数にあるホームページから自分の目的とする自治体にアクセスするには，前もってそのアドレスを知らない限り容易ではないのかというとそういうわけではない。現在検索して探し出す各種のサーチ・エンジンや関連分野ごとにアドレスを集めたディレクトリ・サービスと呼ばれるサイトが存在し，目的の自治体にアクセスするのを手助けする。一般的に有名なのは，Yahoo Japan（ヤフー・ジャパン），CSJ（Cyber Space Japan），NTT Directory等であるが，特に自治体へのアクセスを目的とするならば，それを専門とするホームページの利用が便利である。このようなホームページには，自治省（現総務省）系のNIPPON-Net，野村総研系のCyber Case Data Bank，日立情報システムズのad world等がある[4]。なかでもNIPPON-Netは本格的なサーチ・エンジンを備えており，適当な事項（例えば「広報」とか「観光」などの単語）や自治体名を打ち込むことによって，目的のホームページにアクセスできる仕組みになっている。このように現在では，目的に応じたアクセスが非常に容易である[5]。

ところで，このようなインターネットを活用した自治体の広報活動は，いつ頃始まったのであろうか。自治省の調べにあたる限りでは，熊本県の1993年（平成5年）5月の開設が一番早かったようである[6]。これをわが国の自治体における最初の事例とするならば，冒頭に述べた総理府首相官邸のホームページ開設が1994年（平成6年）8月であったから，それよりも1年余りも早いことになる。以来現時点（1996年（平成8年）9月1日）までに，およそ340の自治体のホームページが開設するに至っている[7]。現況から見てまず間違いなく本年度の開設数が過去一番多いと思われるが，この4年余りの間にこれだけの著しい増加数は特記されてよいだろう。

この自治体のホームページ開設状況を観察していくと，興味深い点が浮かび上がってくる。それは最初の事例が熊本県であったように，必ずしも大都市の一般には先進自治体と言われているところから開設されているわけではないという事実である。開設順を見るならば，熊本県，滋賀県，和歌山県，北海道，広島市といった順になる[8]。また，現在までの開設数をそれぞれ各自治体を包する

都道府県域単位といった括り方で眺めてみても，大都市を多く擁する都道府県がそれほど開設数が多いというわけではない。この方法で開設数の多い方から都道府県を記すならば，島根県［30］，長野県［22］，北海道［21］，石川県［17］，富山県［14］といった順になり[9]，いわゆる大都市圏の都道府県は上位5位までには1つも含まれていない[10]。どちらも地方に位置する自治体の活発な動きを示すものと言えるだろう。それはまた，インターネットという新しいコミュニケーション・ツールの性質と地方に所在する自治体がそれに惹かれる心理を見事に物語っているのではないかと思われる。

　どういうことかというと既に民間団体が指摘するように，「インターネットはさほど投資を必要とせず，地方の自治体でも大都市の自治体と同等にできる」[11]ことを筆者の行った調査によっても改めて裏付け，それはまた，地域間格差の比較的少ないことを可能にするコミュニケーション・ツールであることを示していることである。もちろん，プロバイダーへの接続という点で金銭的格差が生まれないわけではない。しかし，その点を考慮してもなお，他のそれ（電話，ファックスなど）と比較してかなり格差が少ないことは確かである。特にその情報量のやりとりを考えると理解できるはずである。

　このような理由によって地域情報発信に相応しいコミュニケーション・ツールであると見なされた結果が，上記の開設状況に表れたものと思われる。つまり，手軽に開設できる地域情報発信の手段であることが，地方活性化，特に観光資源や特産品のPR等の格好の手段として上手く結びついたのである。それが故にこそ大都市圏の自治体よりも地方の自治体において，盛況を生んだと理解しているのである。このような認識には未だ不確定な要素を含まざるを得ないが，今後の開設状況，発信内容がある程度の回答を示してくれるものと思われる。

　以上，一通りインターネットを活用した自治体広報活動の動向を見た。では岩手県内の現状と課題を，アンケート調査と観察調査の結果を基に検討を加える。

3．岩手県内自治体の現状 (1)
～「第1回インターネットを利用した自治体広報活動に関する
　　アンケート調査」結果より

(1) 調査の概要

　このアンケート調査は，岩手県内の各自治体の活動状況，現状認識，課題等を探ることを目的として行ったものである。1996年(平成8年)7月22日付で岩手県内全60の自治体に向けて実施し，配布・回収とも郵送法によった。回答基準日を7月22日に設定し，一応の回答期限を8月5日とした。この日までに未回答の自治体については改めて返送を促し，最終的に全60自治体のうち59の自治体から回答が得られた。特段無効となす回答は見られず，有効回答率は98.3％であった（表1－1）。

表1－1　調査の概略

調査期間　1996年7月下旬～8月上旬
調査方法　調査票郵送方式
調査対象　岩手県内全自治体
調査対象別回収率

	回収自治体数	各自治体数	回収率(％)
県	1	1	100.0
市	13	13	100.0
町	29	30	96.7
村	16	16	100.0
計	59	60	98.3

(2) アンケート調査の結果

(2)－1．ホームページの開設状況

　アンケートの冒頭において，まず調査の前提をなす「現在インターネットによる広報活動を行っていますか」という質問を行った。回答を寄せた59自治体のうち既に「行っている」と答えた自治体が6自治体，「行っていない」と答えた自治体が53自治体であった。この結果は，現時点において回答を寄せた岩手県内自治体の約1割（0.9％）に相当する自治体が，既にホームページを開設し広

表1－2　岩手県内自治体のホームページ・アドレス (96年9月1日現在)

自治体名	ドメイン（URL）	開始時期
岩　手　県	http://www.office.pref.iwate.jp/	96年9月
遠　野　市	http://www.echna.or.jp/~tohno/	96年4月
花　巻　市	http://www.michinoku.or.jp/~hanamaki/	95年12月
大　槌　町	http://www.mwnet.or.jp/OTSUCHI/	96年6月
大　迫　町	http://www.echna.or.jp/~ohasama/	96年8月
大　東　町	http://www.etos.co.jp/~daito/	96年4月
川　井　村	http://www.nnetown.or.jp/kawai/	96年7月

付記）脱稿後岩手県内自治体においては，山田町［http://www.echna.or.jp/~yamada/］，軽米町［http://www.nnettown/or.jp/karumai/］等が新たにホームページを開設している（96年12月5日記）。

報活動を行っていることになる。ただし，その後の筆者の調査によれば，回答基準日以降現在までに（1996年9月1日），さらに1自治体が開設し，アンケートに未回答の1自治体は現在開設していないことが判明していることから，最新の開設状況となると7自治体となる（表1－2）。この数字は全自治体の比率からすると11.7％になり，先のアンケート結果同様ほぼ1割を示す。この結果は，若干の他都道府県との比較を試みる限り決して少ない数字ではない[12]。

開設状況が明らかになったところで，以下開設，未開設の自治体に分けてアンケート調査の結果を見ていくことにする。

(2)－2．未開設自治体のアンケート調査結果

現時点において，岩手県内ではまだ未開設の自治体が多数を占めている。そのことを鑑み，まず大半を占める未開設自治体の調査結果から見ていく。

a. 開設の予定

未開設の自治体は先述のようにアンケート調査実施の時点では53自治体にのぼったが，これらの自治体に「インターネットを使った広報活動を今後行う予定はありますか」という質問を行った。「ある」と答えた自治体が14自治体，「ない」と答えた自治体は39自治体であった[13]。この結果現在は未開設であるものの今後開設を予定している自治体は26.4％にのぼり，それは未開設自治体の約1/4にあたる（図1－1，表1－3）。

第1章 岩手県域自治体を対象とした第1回(1996年)調査　　15

図1-1　開設予定状況

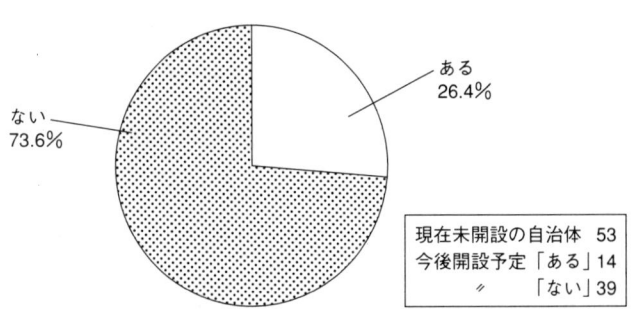

現在未開設の自治体　53
今後開設予定「ある」14
　　〃　　　　「ない」39

表1-3　開設予定のある自治体（14自治体）

(96年7月22日現在)

自治体名	開始予定時期
盛岡市	未定
一関市	未定
大船渡市	未定
北上市	平成9年3月
久慈市	平成8年度中
水沢市	平成8年度中
胆沢町	未定
大迫町	平成8年8月
軽米町	できれば今年度中
三陸町	平成8年度中
住田町	未定
大野村	平成8年内
川崎村	平成8年8月
新里村	──

注）現時点（96年12月5日）で、大迫町、軽米町では開設済み。川崎村は未確認。

b. 開設しない理由

　上記の開設予定のない39自治体に対してはまた、「開設しない理由は何故でしょうか」という質問をしてみた［複数回答可］。回答は多い方から「予算的問題」［18］、「その方面に明るい人材がいない」［16］、「必要に思わない」［8］、「その他」［8］という結果になった（図1-2）。

図1-2 開設しない理由

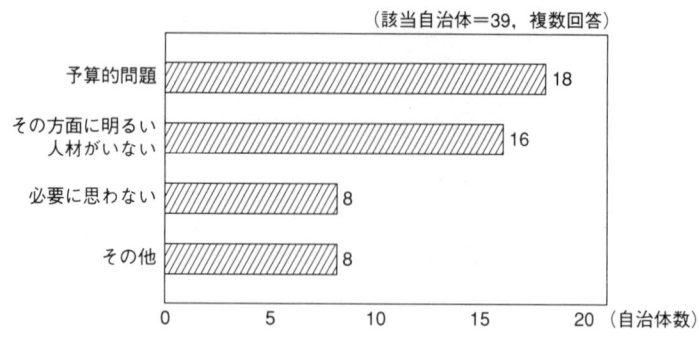

第1位と第2位の回答を双方挙げた自治体が9自治体あった。また、「その他」を挙げた8自治体の中では、「構想はあるが具体的な検討を行っていない」、「導入の検討段階」といった現時点において開設の緊急性を特に認めていない点を理由に挙げる自治体がいくつか見られた。

c. インターネットを使った自治体広報活動の今後

「インターネットを使った自治体広報活動は、今後一般化していくと思われますか」という問いには、「そう思う」と答えた自治体が43自治体、「そう思わない」が8自治体、「未回答・その他」が2自治体という結果が得られた（図1-3）。

これは現在は未開設であっても今後一般化していくと見なしている点では、8割強もの自治体が同意していることになる。

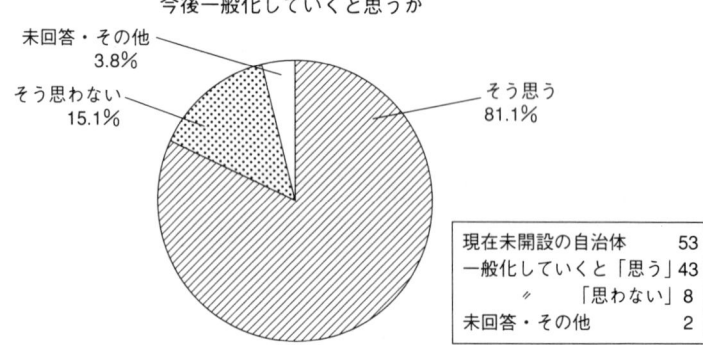

図1-3 インターネットを使った自治体広報活動は、今後一般化していくと思うか

一方今後の一般化に否定的な見解を示した8自治体の主な具体的理由としては，「当該住民にとって必要性が薄い」という点に理由を求める自治体がいくつか見られた。特に，「過疎の高齢化率の高い町村では無理だと思う」とコメントした自治体もあった。この点については，(2)-3.「分析と検討」の項で改めて触れる。

d. インターネットを使った自治体広報活動に対する意見

設問の最後に「インターネットを使った自治体広報活動に対する意見」を自由に記述してもらったところ，13自治体から意見が寄せられた。そこからは「ホームページの内容」，「環境整備」，「コスト」，「人的確保」等の点で苦慮する自治体の姿が明らかになった。なかでも開設した場合に，「ホームページの内容をどうするのか」，「どのように独自性を打ち出していくのか」という点を指摘する自治体が4自治体認められた。

(2)-3. 分析と検討

以上得られた調査結果から，気づいた点をいくつか指摘しておきたい。

第1点は，約1/4もの自治体がホームページの開設を予定していることである。これはかなり高い数字ではないだろうか。地域情報発信の手段に向いていることは先に指摘した通りだが，それを自治体側も十分に認識している証拠と受け取れる。この点からはまた，自治体側でもインターネット・ブームが，かなり浸透してきていることを窺わせる。

第2点は，ホームページを開設しない理由として「予算的問題」と「その方面に明るい人材がいない」という点を挙げる自治体が多く，かつ双方を挙げた自治体が39自治体中9自治体（これは23.1％を占める）も見られたことである。筆者はこの点から自治体のインターネット活用の問題が，一方ではブームに乗り遅れまいと過熱気味に参入の方向で検討が行われ，他方では全く自分の自治体には関係のないこととして無関心な（無論他の広報ツールの方がわが自治体には向いている――特に後述する過疎・高齢化を抱える自治体など――，といった積極的無関心の自治体を否定するわけではない）立場をとる自治体とに二極に分かれつつあるのではないかとの認識を強めている。この無関心な自治体こそ

が，「予算的問題」と「その方面に明るい人材がいない」という双方を理由に挙げたものと推測するのである。

というのは，ホームページの開設は個人でもやれる投資額であり，かつ開設にそれほどの専門的な技術を要しないことがインターネットの新しいコミュニケーション・ツールとしての特徴の1つであった。ある程度内容を理解していれば自明のことであるが，それが理解されていないためにこのような結果が出たのではないかと見ている。

第3点は，第2点と同じ問いで「その他」を挙げた8自治体の多くが，現時点での開設の緊急性を認めない点に理由を求めていたことである。この点については過熱したブームの中での冷静な対応とも受け取れ，中小規模の自治体にとっては拙速を戒めるという意味では賢明な選択とも思われる。

第4点は，今後のインターネットを使った自治体広報活動の一般化に，未開設の自治体のうち8割強もの自治体が同意している点である。この結果は，今後徐々に普及・一般化していくであろうことを予感させるには十分に足る数字である。

しかし，一方で一般化に否定的な見解を示した8自治体の中に，「過疎の高齢化率の高い町村では無理だと思う」というコメントを寄せていた自治体があった。この点は過疎と高齢化の問題を共に抱える自治体がかなりにのぼる岩手県（そして，これは日本の多くの地方所在の自治体に共通するものである）では，避けては通れない深刻な課題である。高齢化と新しいコミュニケーション・ツールの活用を考える時，その活用に際して常に浮上する持つ者と持たざる者との問題（＝デジタル・ディバイド[14]）に関連し，さらに使える者と使えない者との問題（＝情報リテラシー[15]）をも高い比重で考慮しなければならなくなる。また一方それに加えて過疎化といった観点から新しいコミュニケーション・ツール活用の問題も複雑に絡んでくることから，問題の解決を一層困難なものにする。この他，予算配分等でもこの種の問題を抱えない自治体とは自ずと異なる配分方法を強いられたりと，このような問題を抱える自治体が新しいコミュニケーション・ツールの活用を検討するにあたって，乗り越えなければならないハードルは極めて高いと言える。これらの点については，また別途検討を要する問題であ

る。
　第5点は,「インターネットを使った自治体広報活動に対する意見」の中で,「内容」,「環境整備」,「コスト」,「人的確保」等に苦慮する自治体の姿が浮き彫りにされたことである。実はこれらの課題は,そのまま一般的な地域活性化のための広報戦略の課題として常々指摘されていることとほぼ同様であることに気づかされる。その意味ではインターネットによる地域情報発信は決して広報の手法として特殊な要素を含むものではなく,結局その成否は自治体側の広報体制,あるいは総じて自治体全体の地域活性化戦略の姿勢にかかってくることを示していると言えよう。
　以上5点ほど指摘したが,筆者が強く感じたことは大半の未開設自治体はインターネットの利用に無関心ではなく,非常に関心を抱きつつ当該自治体の持つ既存の問題と絡め真摯に受け止め検討しているということである。もちろん,なかには無関心な自治体も散見されはしたが,今後他自治体の動向と併せ開設するしないを問わず,必ず導入に関して検討せねばならなくなる時が来ることだけは確かであろう。

(2)－4. 開設自治体のアンケート調査結果
　次に,調査実施の時点で既にインターネットによる広報活動を行っていた6自治体の調査結果を見ていく[16]。

(2)－4－1. 推進体制
a. 担当部課
　「インターネットによる活動はどの部課で進めていますか」という問いに対しては,表1－4に掲げるような結果になった。
　各自治体により内容的に同一部課であっても名称が異なる場合があるので調査結果だけでは一概に言い表すことはできないが,およそ多くは企画関係（広報,観光等）で推進している自治体で,その他情報化関係で推進している自治体,さらに各部課を横断して推進している自治体の3つに大別することが可能である。

表1-4 推進体制

自治体名	推進担当課	担当者数
岩 手 県	企画調整部広聴広報課 総務部行政情報室 その他農蚕課等関係課	― ― ―
遠 野 市	産業部商工観光課	4名
花 巻 市	総務部総務課（情報管理係）	1名
大 槌 町	企画商工課	4名
大 東 町	企画調整課	2名
川 井 村	農林課	1名

b. 担当者数

「何名で担当されていますか」という問いに対しては，4名の自治体が2自治体（遠野市，大槌町），2名の自治体が1自治体（大東町），1名の自治体が2自治体（花巻市，川井村）という結果が出た（表1-4）。自治体の規模にもよるだろうが，1名から4名と自治体間でかなりばらつきがあることが分かった。なお専従者を置いている自治体は，1つも見当たらなかった。

c. ホームページの制作

「ホームページの技術面の作成は誰が行っていますか」という問いに対しては，花巻市が自治体職員自らの手で行っているのを除き，他の自治体は全てホームページの制作代行会社によって行われていた。

(2)-4-2. 開設の目的

a. 開設目的

「開設の主たる目的は何でしょうか」という問い［複数回答可］には，「広報及び広聴手段」と答えた自治体が4自治体（遠野市，花巻市，大槌町，大東町）と最も多く（57.1％），「広報手段」は2自治体（岩手県，川井村），「その他」は1自治体（川井村）であった（図1-4）。

因みに川井村の「その他」は，「バーチャル販売所」というホームページ上の特産品販売を挙げているが，これも本来「広報手段」の一部と見なしてよいものである。

図1-4　開設目的

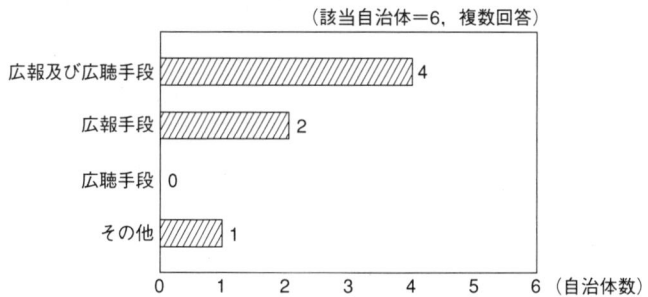

b. 具体的な開設目的

また,「具体的な目的を教えて下さい」と質問したところ[複数回答可], 予め用意した回答のうち「観光客誘致等を中心とした地域情報発信」と答えた自治体が5自治体(遠野市, 花巻市, 大槌町, 大東町, 川井村)で最も多く, 次に「自治体から住民等への情報提供やお知らせ」と答えた自治体が2自治体(岩手県, 大東町)あった。「その他」を挙げた自治体も2自治体(岩手県, 川井村)で, それぞれ岩手県は「県のイメージ醸成」, 川井村は「地元特産品, イベント等のPR」と答えている。なお川井村の回答は,「観光客誘致等を中心とした地域情報発信」に充当するものである。一方,「行政情報の公開」という回答も用意していたが, それを挙げた自治体は1つも見当たらなかった(図1-5)。

図1-5　具体的な開設目的

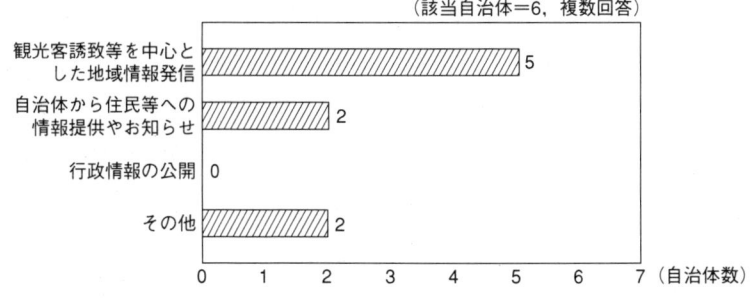

c. 具体的な広聴手段

(2)－4－2.a.「開設の目的」の設問で「広聴」を含んで回答した4自治体には、さらに「具体的な広聴手段として、どのようなことを行っていますか」という質問をしたところ［複数回答可］、「電子メールによるホームページを見た感想等の意見聴取」が3自治体（花巻市、大槌町、大東町）、「ホームページ上で行える（HPの内容に関する）アンケートの実施」と答えた自治体が2自治体（遠野市、大東町）、「電子メールによる自治体行政全般への意見聴取」と答えた自治体が1自治体（大東町）という結果が得られた（図1－6）。

このことからは、現在のインターネットを活用した広聴活動というのは、専らホームページの内容に関することだといえる。この点は「電子メールによる自治体行政全般への意見聴取」という自治体が1自治体あったように、自治体行政のあらゆる場面での活用を今後模索すべきであろう。

図1－6　具体的広聴手段

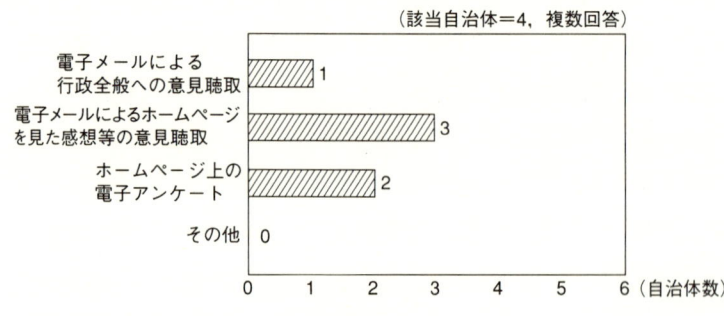

d. インターネットは新たな行政参加のチャンネルか？

さらに同様に(2)－4－2.a.の設問で「広聴」を含んで回答した4自治体に、「インターネットは住民の行政参加への新たなチャンネルという捉え方をされていますか」という質問をしたところ、「はい」と答えた自治体が2自治体（花巻市、大東町）、「いいえ」と答えた自治体も2自治体（遠野市、大槌町）という結果になった。このことからも、現時点では自治体間でインターネットの捉え方に開きがあることが分かった。双方向性を上手く行政参加に活用するという意識は、まだ自治体間で大きく異なるようだ。

(2)－4－3. 対受け手
a. 開設にあたっての周知体制
「ホームページの開設にあたって周知等は行われましたか」と質問したところ，全ての自治体が何らかの周知を行っていた。具体的には，岩手県は「情報管理主管課から全国都道府県に通知」，遠野市は「新聞等への掲載」，花巻市は「サーチ・エンジンへのリンク登録」，大槌町は「開設に合わせて行ったインターネット実践セミナーへの案内」，大東町は「官報速報，自治省ホームページ等とのリンク」，川井村は「新聞広告，パンフ他」等である。残念ながらそれをどの範囲で行ったかこの調査結果だけでは判然としないものもあるが，皆他の広報手段などを用い周知を行っていることが明らかになった。

b. 外国語による情報提供
「外国語による情報提供を行っていますか」と質問したところ，行っている自治体が2自治体（岩手県，花巻市）あった。因みに共に英語による情報提供である。

c. 情報の更新
「情報は定期的に更新していますか」という問いには，「はい」と答えた自治体が3自治体（岩手県，花巻市，遠野市），「不定期」と答えた自治体も同数の3自治体（大東町，大槌町，川井村）あった。定期的に行っている自治体の更新頻度は，岩手県と遠野市の2自治体が30日に1回，花巻市が15日に1回の更新であった。

d. 他サイトへのリンク
「他のサイトのリンクを貼っていますか」という問いには，川井村のみを除いて5自治体が「はい」と答えた。さらにそのリンク先についても尋ねてみたが[複数回答可]，「県内自治体」と答えたのが3自治体（花巻市，遠野市，岩手県），「その他の自治体，行政機関」と答えたのも同数の3自治体（花巻市，大東町，岩手県），さらに「その他」と答えたのも3自治体（大東町，花巻市，大槌町）であった（図1－7）。この「その他」で目立ったのは，サーチ・エンジンへのリンクであった。

図1－7　他サイトとのリンク状況

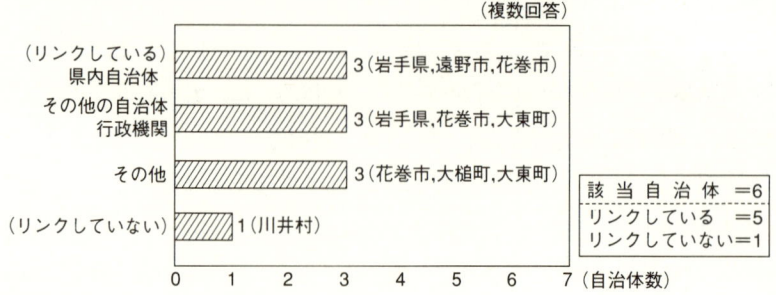

(2)－4－4．インターネットを使った広報活動への評価

a. 広報ツールとしての評価

「広報のツールとして，どの程度満足していますか」という問いに対しては，「とても満足」が1自治体（大東町），「やや満足」が3自治体（遠野市，花巻市，大槌町），「普通（他の広報ツールと同程度）」が1自治体（岩手県），「やや不満」が1自治体（川井村）であった（図1－8）。この結果からは，現時点でかなりの開設自治体が肯定的評価を下しているといえる。

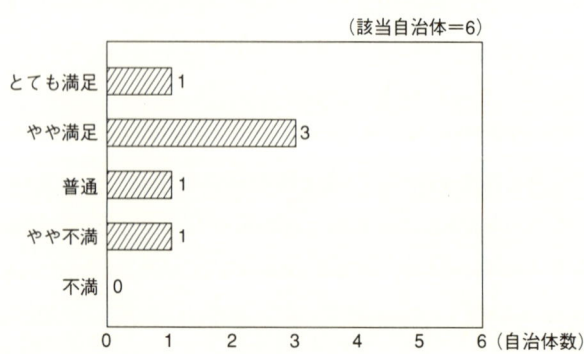

図1－8　広報ツールとしての評価

b. インターネットを使った自治体広報活動の今後

「インターネットを使った自治体広報活動は今後一般化していくと思いますか」

という問いに対しては，既に開設している自治体全てが「思う」と回答している。

(2)－4－5．インターネットを使った広報活動の課題
a．活動の課題
「インターネットを使った広報活動の課題」について自由に記述して貰ったところ，集約すればほとんどの自治体がホームページの内容に関することを挙げた。具体的には，「いかにしてリピーターを確保するか」，「多くの人に見てもらう内容作りとPR」，「発信情報内容の充実・強化」等である。この他，「どうしたらホームページを見た人が自治体に足を運んでくれるか」，「当該自治体の住民の利用を最終的目的としつつも，自治体内にインターネット・ユーザーが少なく，どのように受け手の環境整備を行うか」等を課題として挙げる自治体も見られた。

b．一番伝えたいこと
最後に「ホームページで一番伝えたいことは何でしょうか」と質問し，自由に記述してもらった。その結果半数の自治体が「イベント，観光のPR，観光客誘致といった地域活性化のための事業周知」を挙げ，その他には「自治体のイメージ醸成」，「伝統・自然をPRし，誇りをもった地域づくり」等を挙げる自治体もあった。

(2)－5．分析と検討
以上の得られた調査結果から，気づいた点をいくつか指摘しておく。
　第1点は，この活動に関わる担当者数をどう見るかという点である。専従者がいないであろうことはある程度予想していたが，自治体間で担当者数のばらつきが見られる中，1名というのはどう見ても少ない数字である。規模の小さい自治体といえども，少なくとも2名以上でこの活動にあたるべきではないか。複数で行うことで内容に広がりや深みが期待されることもあるが，何よりも1人にこの活動の実質的な責任を負わせるのは荷が重すぎる。ただ全般的な担当者数の少なさは，昨今の自治体全体の財政悪化に伴う人員削減，一方増加する事務量

によりこの種の活動に人員を割り当てる余裕がないことを端的に示していよう。

　第2点は、「開設目的」のところで「広報手段」とのみ答えた自治体が6自治体中2自治体あり、また、「具体的な目的」で「行政情報の公開」（アカウンタビリティの確保を目的としての活用と呼べるもの）と答えた自治体が全く見当たらなかったことである。この結果からは、現時点では自治体側が当該住民をその対象として重視していないと受け取られても仕方がない。この点は、「具体的な目的」で「自治体から住民等への情報提供やお知らせ」と答えていた2自治体についても例外ではない。その内容はどの自治体も観光や特産品のPR等地域活性化促進を目的とするそれに偏っており、現在まで当該住民を対象とした独立した内容を発信している自治体はほとんど見当たらない。このような当該住民軽視の姿勢はまた、「行政参加の新たなチャンネルと見なすか」という質問に対して、「広聴」を開設目的に含んで回答した自治体においてすら半数の2自治体が「見なしていない」と明確に答えていることからも大いに察することができる。このタックス・ペイヤーを無視する自治体側の姿勢には重大な問題が含まれていると言わざるを得ない。この点については、第5項において改めて取り上げる。

　第3点は、ホームページの更新頻度に関する点である。定期的に更新している自治体とそうでない自治体とが同数であったが、情報は常に新鮮でなければならないことを考えると、たとえ流すべき大きな情報がなくても不定期の更新は好ましくない。小規模な内容の追加、変更はいくらでもあるはずだ。定期的に更新されていれば受け手は大体の更新日を見計らって覗けばよく、無駄な手間を省くことができる。その意味でも不定期の更新は、定期的に覗いてくれるリピーターを重視していないことの表れと受け取れる。さらにこれは岩手県内自治体ではなかったが、筆者が数多くホームページを観察した中で特にひどいところでは、既に過ぎたイベントの告知をかなり長い間放置していた事例も見られた。これが度重なれば、そのうちリピーターが自然と離れていくに違いないことは想像に足る。定期的な更新プラス特別に付加する更新というスタイルが本来一番望ましいが、そこまで求めなくとも最低月1回は更新されるべきであろう。その点に関して花巻市の更新頻度が半月に1度というのは、受け手にとって望まし

い形といえる。

　第4点は，ホームページ開設の周知体制に関する点である。どの自治体も何らかの方法で周知を行っているが，有効な手段をとっている自治体は少ない。開設する以上はなるべく多くの人に見てもらうのが目的のはずで，その意味からは最大限効果的な周知が行われるべきはずである。その点からすると各種サーチ・エンジン（この当時はサイトを自動的に探索するロボット型は主流ではなかった）やディレクトリ・サービスへの登録が一番手っ取り早く確実な方法と思われるが，県内開設自治体のそれへの登録状況を見てみると，かなりばらつきがある。主要なサーチ・エンジン，ディレクトリ・サービスにほとんど登録している自治体もあれば，1つか2つ程度しか登録していない自治体もある。開設後内容面で悩む以前にまず見てもらわなければ話は前進しないわけで，周知の方法は非常に重要な問題であると言わねばならない。なお，既にほとんどの自治体で行われている各自治体間相互のリンクも，周知方法として有効と思われる。

　第5点は，広報ツールとしての評価をめぐる点である。この結果からは6自治体中2/3にあたる4自治体までがある程度満足感を示したと受け取れる一方で，他方自治体間の評価にかなりのばらつきを指摘することも可能である。後者の評価の差は，恐らくインターネットに対する「思い入れ方」の相違として理解でき得るのではないかと考える。つまり，ホームページを開設し地域情報を発信しさえすれば，反応もあるし人も来てお金を落としてくれると期待していた自治体にとっては，それほど直接効果が得られるツールではないことを思い知らされて落胆しているのかもしれない。

　しかし，所詮インターネットは広報ツールの一手段でしかなく，広報活動に1つで足る万能なツールなどあり得ない。結局インターネットを活用する明確な必要性があるのか，インターネットの性質を知悉した活用の仕方をしているのか等の点が自治体側に問われていると言える。とはいえ，まだインターネットによる自治体広報活動は全国的にも始まったばかりである。その意味ではどの自治体もこれからその活用と評価をめぐってしばらく手探りをしながら，自分の自治体に相応しい活用法を見つけていくしかない。

　第6点は，「活動の課題」に対する意見をめぐってである。ほとんどの自治体

が内容に関し試行錯誤する姿が浮き彫りになったが，ブームが廃れ共倒れしてしまう（辞めてしまう）のを恐れているかのようだ。筆者は決してインターネットによる自治体広報活動が地域活性化の手段のためだけに使われる傾向を良しとしないが，この思い悩む姿は未開設自治体のインターネット活用に関する意見とほとんど同様である点に興味を抱いている。

というのは，開設前の危惧がそのまま開設後現実のものとなって表れているように受け取れるからである。この点は先にも述べた如く，地域活性化の課題と同様（例えば，各地に類似のテーマパークが氾濫して一時は盛り上がるが，ブームが過ぎると廃れていくという末路のように），結局満足のいくホームページの内容（コンテンツ）作りを行っていくためには，やはりまず当該住民を視野に入れることから始め，その上で地域活性化戦略を練っていくという抜本的なインターネット広報の体制づくりからしか良い方法はないものと思われる。

4．岩手県内自治体の現状(2)
　　～ホームページの観察調査の結果より

(1) 概況

本項では既にインターネットを用いて広報活動を行っている県内自治体を事例にして，どのような内容を持って行われているのか概観し若干の検討を行うことにしたい。

既に見てきたように，現在（1996年（平成8年）9月1日）までにホームページを開設している自治体は，岩手県，遠野市，花巻市，大東町，大槌町，大迫町，川井村の7自治体である。これらの中には総合的な自治体広報活動を展開しようとするものから，当該地域の特定のイベントに絞った限定的なものまで様々なレベルの活動が見られる。ここでは特に岩手県，花巻市，大東町を中心に取り上げる。その主な理由としては，規模の異なる自治体であること，そして，これら3自治体は，いずれも総合的な広報活動を目指したホームページ作りをしていること等による[17]。

(2) 岩手県の事例

　岩手県のホームページは，1996年（平成8年）9月26日に開設された。これは，県内開設自治体の中では6番目にあたる。ホームページは，日本語，英語の2カ国語表記で行われている。主な内容構成は，「いわてからのメッセージ」，「いわての紹介」，「魅知能国いわて」，「いわての市町村リンク集」，「いわての学校リンク集」，「いわての地域情報リンク集」から成る（図1-9）。

　「いわてからのメッセージ」では増田寛也岩手県知事の顔写真入りのあいさつが行われ，「いわての紹介」では，岩手の地理，人口，風土，産業などが簡潔に紹介される。このより具体的な紹介は，次の「魅知能国いわて」で行われている。そこでは，それぞれ「いわての魅力」，「いわての知力」，「いわての技能」に分かれ，さらに「いわての魅力」は「銀河系いわて（いわて広報ページ）」，「岩手の風にふれたくて（岩手路観光情報）」，「いわて純情米（県産米の紹介）」に，「いわての知力」は「岩手県立大学（平成10年開学予定の大学案内）」，「岩手県

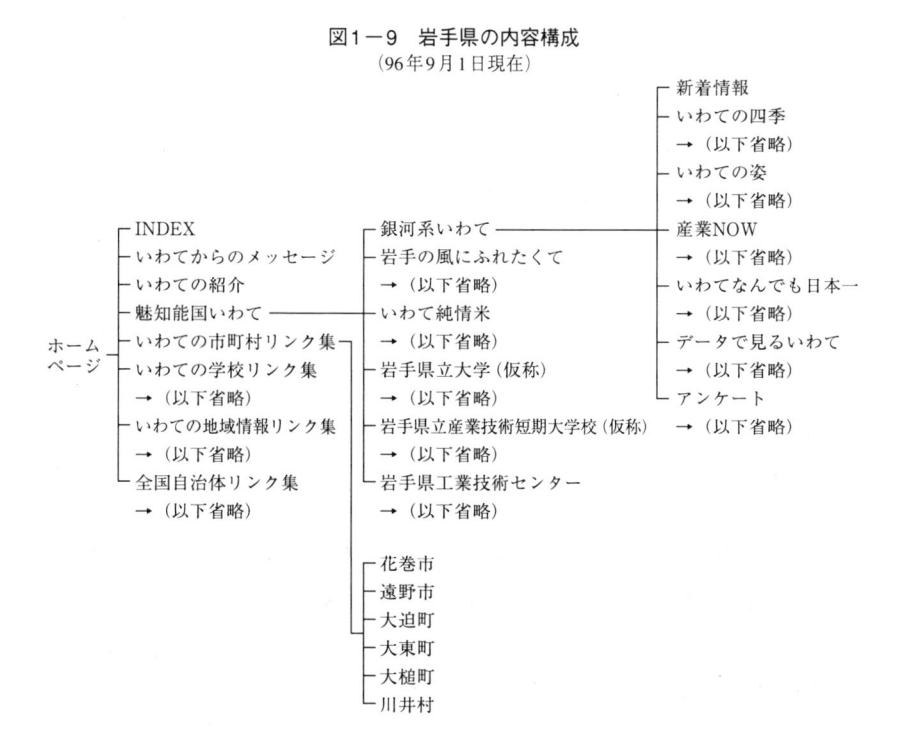

図1-9　岩手県の内容構成
（96年9月1日現在）

```
                    ┌ INDEX
                    ├ いわてからのメッセージ
                    ├ いわての紹介
                    ├ 魅知能国いわて ──────┬ 銀河系いわて ──────┬ 新着情報
ホーム              ├ いわての市町村リンク集  ├ 岩手の風にふれたくて  ├ いわての四季
ページ              │   → （以下省略）      │   → （以下省略）    │   → （以下省略）
                    ├ いわての学校リンク集   ├ いわて純情米         ├ いわての姿
                    │   → （以下省略）      │   → （以下省略）    │   → （以下省略）
                    ├ いわての地域情報リンク集├ 岩手県立大学（仮称）  ├ 産業NOW
                    │   → （以下省略）      │   → （以下省略）    │   → （以下省略）
                    └ 全国自治体リンク集     ├ 岩手県立産業技術短期大学校（仮称）├ いわてなんでも日本一
                        → （以下省略）      │   → （以下省略）    │   → （以下省略）
                                            └ 岩手県工業技術センター├ データで見るいわて
                                                → （以下省略）    │   → （以下省略）
                                            ┌ 花巻市               └ アンケート
                                            ├ 遠野市                   → （以下省略）
                                            ├ 大迫町
                                            ├ 大東町
                                            ├ 大槌町
                                            └ 川井村
```

立産業技術短期大学校（平成9年開校予定の学校案内）」に，「いわての技能」は「岩手県工業技術センター」に分けられ，詳しく説明されている。この下位のディレクトリは，独立したホームページとして見ることも可能である。そして，「いわての市町村リンク集」，「いわての学校リンク集」，「いわての地域情報リンク集」では，それぞれ岩手県内の各方面へのリンクが集められている。

　大体以上が主な内容構成であるが，観光情報，特産品のPRはもとより県の工業技術や新設大学の案内まで非常に幅広い領域を扱っているのが岩手県の特徴である。全体を通して見た率直な感想を記しておくと，これだけの内容量があるということは，悪く言えば詰め込みすぎ，散漫という印象を与えかねない。受け手に対して，①本当に全て伝えなければならない情報か，②興味のある情報が探しやすいか，③どこまで見続けてくれるか，という点で若干の疑問を持った。それは結局受け手（対象）をどのように想定しているのかということでもある。

　この他内容に関して気づいた点を3点ほど指摘しておくと，第1点は多くの異なる内容から構成されているが，それぞれのコーナーの意見聴取先に直接関連部課の電子メール・アドレスをあてていることである。これはある程度庁内の行政情報化が進んでいることを示すものであろう。この点は，受け手からの意見に迅速に対応し得るという意味で評価されてよい。

　第2点は「銀河系いわて（いわて広報ページ）」は恐らく総合的な広報活動を目的としている中心的なページだと思われるが，そこにおいて電子アンケートを試みていることである。一般に自治体のホームページに見られる傾向は情報発信にばかり力を入れ，広聴活動すなわち意見聴取の手段というと申し訳程度に全体を通して1つだけ電子メールのアドレスが付されていることが多い。それだけに双方向のコミュニケーション・ツールとしての機能を上手に活用しようとするこの試みは，評価されてよい。ただ願わくば，ホームページ内容の感想のみならず住民の行政参加の手段としても活用されることが今後の課題といえる。

　第3点は平成10年度開校予定の岩手県立大学のページ（これだけを独立したホームページとして見ることも可能である）において，ある学部の教員公募を行っていることである。各方面から優れた人材を確保しようという観点からは，イ

ンターネットの活用は理にかなっている。いくつかの自治体では既に職員採用試験の案内をホームページ上で行っているが，県のホームページで大学教員の公募というユニークな試みは未だ珍しい。今後その成果が注目される。

最後に内容に関して問題はなくはないが，開設1年足らずでこれだけの量・質を伴った内容を作り得ていることは評価できる。

(3) 花巻市の事例

花巻市のホームページは，1995年(平成7年)12月5日に開設された。これは，岩手県内の自治体の中で最も早い開設である。花巻市は宮沢賢治ゆかりの地でもあることからそれをかなり意識した内容構成をとっており，全体を通したレイアウトは「銀河鉄道の夜」がイメージされている。ホームページは「銀河鉄道の夜」をもじって蒸気機関車の絵が添えられているが，これをクリックすると音が出る仕組みになっている。音が出る作りは花巻市の特徴で他の箇所においてもいくつか見られる。このような遊び心が加えられた作りは，受け手を飽きさせないという点で成功しているように思われる。

主な内容構成（図1－10）は最初に目次のページがあり，そこでは新着案内と各ページの目次が添えられている。目次はそれぞれ「ようこそはなまきへ」，「宮沢賢治のコーナー」，「観光のコーナー」，「友好・リンクのコーナー」，「賢治百年祭イベント詳報」，「花巻市内の温泉情報」からなる。

図1－10　花巻市の内容構成
(96年9月1日現在)

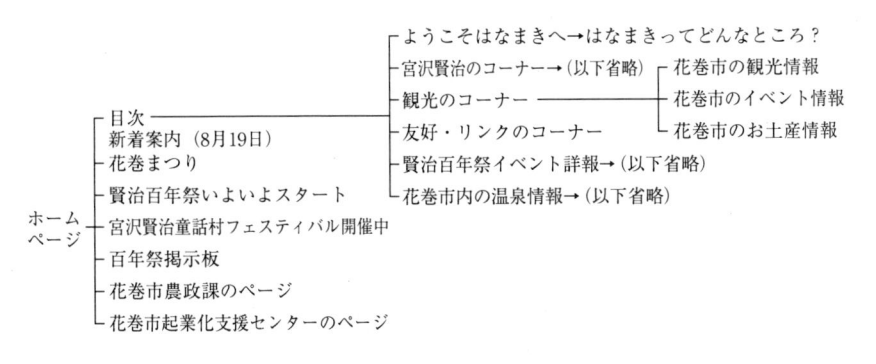

```
            ┌ 目次
            │ 新着案内（8月19日）      ┌ ようこそはなまきへ→はなまきってどんなところ？
            ├ 花巻まつり                ├ 宮沢賢治のコーナー→（以下省略）     ┌ 花巻市の観光情報
            ├ 賢治百年祭いよいよスタート├ 観光のコーナー ──────────────┼ 花巻市のイベント情報
ホーム ─────┤                           ├ 友好・リンクのコーナー               └ 花巻市のお土産情報
ページ      ├ 宮沢賢治童話村フェスティバル開催中
            ├ 百年祭掲示板              ├ 賢治百年祭イベント詳報→（以下省略）
            ├ 花巻市農政課のページ      └ 花巻市内の温泉情報→（以下省略）
            └ 花巻市起業化支援センターのページ
```

まず,「ようこそはなまきへ」はさらに「はなまきってどんなところ」に進み,そこでは花巻市の地理的位置や市木,市花,景勝地などの概略が写真を交えて紹介されている。ここでも写真をクリックすると音が出る。次に「観光のコーナー」ではさらに「花巻市の観光情報」,「花巻市のイベント情報」,「花巻市のお土産情報」などに分かれて情報提供が行われている。「賢治百年祭イベント詳報」では,さらに宮沢賢治百年祭の主要なイベント案内に進めるようになっている。そして,「宮沢賢治のコーナー」では宮沢賢治の人と形が紹介され,賢治の作曲した歌が聞けたり,賢治の文学碑へのアクセス,賢治の年譜など宮沢賢治の概略をつかむことができる。さらに「友好・リンクのコーナー」では姉妹都市,友好都市の紹介がなされ,いくつかの都市とはリンクしている。興味深いところでは花巻市は米国のクリントン大統領（当時）を生んだホットスプリングス市と姉妹都市を結んでいるが,そことリンクされている。

　花巻市のホームページは,新着案内に農政課のページや花巻市起業化支援センターのページがあったりすることから総合的な広報活動を目指しているようではあるが,現在のところは全編宮沢賢治に因んだ観光案内といった傾向が強く,それ以外の情報提供となるとまだこれからといった状況である。これも担当者が1名で自力で行っているというスタッフの少なさに起因しているのかもしれない。

(4) 大東町

　大東町は,1996年(平成8年)4月1日にホームページを開設した。これは県内自治体では2番目にあたり,町村レベルでは最初であった。具体的な内容構成は「大東町って,どんなとこ？」,「こんなことやってます」,「来て！見て！楽しんで！」,「参加することに意義がある！」,「みんなでやってみませんか？」,「おこたえ下さい」の大きく6つから成る（図1-11）。

　まず「大東町って,どんなとこ？」では大東町へのアクセスや特産品の紹介が行われ,次に「こんなことやってます」では大東町の行っている事業の紹介が行われている。「来て！見て！楽しんで！」では観光地の案内,「参加することに意義がある！」ではお祭りやイベントの紹介がそれぞれ行われている。「みん

図1-11　大東町の内容構成
(96年9月1日現在)

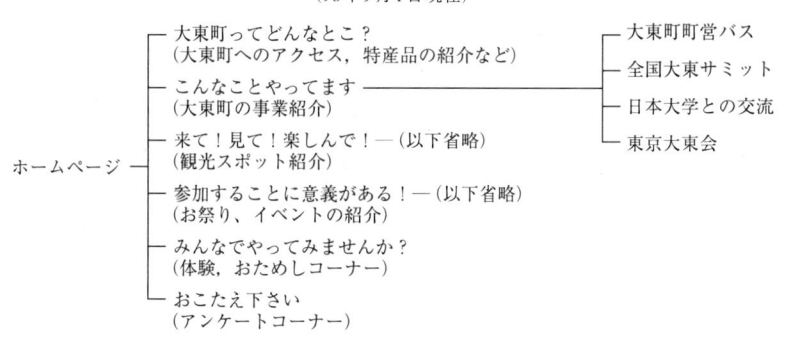

```
                ┌─ 大東町ってどんなとこ？          ┌─ 大東町町営バス
                │  (大東町へのアクセス，特産品の紹介など) │
                ├─ こんなことやってます           ├─ 全国大東サミット
                │  (大東町の事業紹介)            │
                ├─ 来て！見て！楽しんで！―(以下省略)  ├─ 日本大学との交流
ホームページ ─┤  (観光スポット紹介)            │
                ├─ 参加することに意義がある！―(以下省略) └─ 東京大東会
                │  (お祭り，イベントの紹介)
                ├─ みんなでやってみませんか？
                │  (体験，おためしコーナー)
                └─ おこたえ下さい
                   (アンケートコーナー)
```

なでやってみませんか？」は，体験，おためしコーナーと銘打たれ，具体的には農家ステイ他の体験案内と地元特産品の販売情報の提供が行われている。最後の「おこたえ下さい」は，このホームページを見た感想を電子アンケートを使って求めているものである。

　以上がホームページの主な内容であるが，やはり中心は観光と特産品のPRにある傾向は否めない。ただ岩手県同様電子アンケートを設置したりと，中小規模の町でこのレベルまでの内容作りが行われているという点は評価できる。上記以外の分野の広報活動は，今後の課題である。

(5) 小括

　以上簡略ではあるが，3つの自治体のホームページの内容を概観してきた。この他遠野市，大迫町，大槌町，川井村でも開設されているが，どれもおよそ地元の観光地や特産品の紹介が専らである。このうち，大迫町，大槌町，川井村では現在までのところ1つのイベントに絞った広報活動といえる。具体的には，大迫町では早池峰神楽にちなんだイベント，大槌町は海のイベントに関する情報，川井村は赤ベコ共和国と銘打った地元特産品の紹介，販売といった内容である。

　さて全体を通して見た感想は，明確には岩手県を除いてどこもまだ観光資源や地元特産品の紹介にほとんどの比重を置いた内容展開であり，いわば地域活性化事業促進のための手段としてのインターネット活用ということができよう。

しかし，それとても内容的にはこれからといった感が強い。例えば，遠野市，大東町，川井村等では特産品等の販売が行われているが，これなども直接画面を見てその場で注文できる仕組みにはなっておらず，電子メールかファックス，電話で問い合わせをするという旧来のスタイルから抜け出るものではない。その意味では言葉本来の意味でのヴァーチャル・ショッピングからは程遠い。双方向メディアの活用という点を今一つ上手く使いこなすアイデアが必要である。

また，これは繰り返しになるが，どの自治体も当該住民とのコミュニケーションの手段として使っているようには思われない。タックス・ペイヤーである住民が疎外されている現状は問題である。この点はまた次項で取り扱う。

5．第1回調査における活用課題

最後にこれまで見てきたアンケート調査の結果や実際の活用事例を踏まえ，現在の最も大きな課題と思われる当該住民向けの広報活動の軽視という点を取り上げ本章の締め括りとしたい。

誤解のないように最初に述べておくが，筆者が求めているのは域外向け，域内向け双方のバランスのとれた広報活動であって[18]，地方の活性化やまちおこし等の観点からも地域活性化戦略の一環としてインターネットで観光情報や特産品のPR等を発信することにいささかの疑問も挟むものではない。しかし，当該住民を対象とした広報活動も一方で行われなければならないと強く考えているのである。この点に関しては，現在県内の開設自治体全てが不十分であるか全く行われていないかのどちらかであったことはこれまで見てきた通りである。県内の開設自治体が全てそうであるならば，恐らく全国の開設自治体にもある程度共通する課題ではないかとも思われる。

以下ではこの課題克服の方途として，今後インターネットを活用してどのような域内向け広報活動が行われていくべきかいくつかの提言を行うこととする。この当該住民向け広報活動の課題は，いわゆる狭義の広報，広聴双方の活動に関わってくる。具体的には広報活動の側面からは行政情報の公開・提供という

点，広聴活動の側面からは新たな行政参加のチャンネルという点，そして，さらに双方の活動の前提となる住民のインターネット利用のための条件という点である。

(1) 行政情報の公開・提供

　住民に対するお知らせ広報が行われるのは言うまでもないが，行政情報の公開・提供は現在の行政にとって焦眉の課題でもある。行政学で一般的に理解されている情報公開の体系に従うならば[19]，自治体広報活動の一環として行われるそれは情報提供施策という大きなカテゴリーに属し，その中の広報施策といわれる活動にあたる。この情報提供施策は情報公開制度とは異なり，行政機関に公開・提供の裁量が委ねられている。要するに，自治体側の自主的な情報提供施策ということである。その中でもこれまで特に広報施策における情報提供が住民側に不評であった主な理由には，余りにも形式的な情報提供しか行われてこなかったことが挙げられる。知りたい情報が知らされていないが故に，食糧費をめぐる一連の情報公開請求などが起こったとも言える。

　しかし，見方を変えれば自治体広報活動が自主的な情報提供であるということは，自治体の住民に対する姿勢を示す格好の場とも成り得る可能性を秘めている。住民側が納得するような自主的な情報提供が行われるならば，わざわざ条例を利用して公開請求を行うまでもなくなるはずである。これらのことを考えるとき，インターネットは行政情報の公開・提供に極めて適した広報ツールに他ならない。一例を示せば，オン・ディマンド[20]という性質を利用して住民が都合の良いときに情報にアクセスすることが可能になるし，わざわざ役所まで出向く必要もないなどである。このようなインターネットによる行政情報の公開の試みは，あらゆる面でアメリカが範となす進展を見せていることはよく知られているところであるが[21]，わが国でもいくつかの自治体で既に興味深い試みが行われている[22]。なかでも高知県ではホームページの中で食糧費の執行状況の概況を公開するといった非常に興味深い試みを始めている[23]。これなどは先程の住民に対する姿勢という点からすれば信頼回復の試みに他ならず，効果的な広報活動の新たなる展開（＝イノベーション）と呼び得るものである。このような

先進的な事例を参考にして，質の高い住民向けの行政情報の公開・提供が望まれる。

(2) 新たな行政参加のチャンネル

新たな行政参加のチャンネルであることを認識した広聴活動の展開が望まれる。アンケート調査の結果では，まだそのように見なしていない自治体が多く見られたが，新たな行政参加のチャンネルであることはよく認識されなければならない。これまでの広聴活動のツールに比べ，極めて柔軟で使い途のある可能性が開かれたツールといってよい。申し訳程度に電子メールのアドレスを付すだけでなく，住民からのフィードバックが迅速・簡便であることを活用して自治体行政全般について電子アンケートで疑似住民投票のような意思反映を探る活用法もあるだろう。

既に西宮市などのようにパソコン通信でそれを実施している自治体もあり，電子会議やモニター制度など双方向性を生かした広聴手段としての活用法も大いに期待されるところである[24]。この種のインターネットによる活用事例としては，既に東京都中央区のまちづくりアドバイザーや神奈川県大和市の都市計画マスタープランへの意見聴取の手段などが知られているが[25]，これらは決して大都市圏における例外的な試みではない。もちろん，その前提として後述するように，住民に対する環境整備が重要となってくることは言うまでもない。この他障害を抱えていたり，子育てで忙しい主婦など外出しにくい住民層に対しても行政への参加を可能にするという点（＝ディジタル・オポチュニティ[26]）で有効な方法である。このように双方向性をフルに生かした活用法が求められている。

(3) インターネット利用の条件

(1)，(2)で指摘したことを十分に機能せしめるためには，まずもって住民が利用するための条件をクリアせねばならない。つまり，インターネットの周知，普及が大きな課題としてある。この点については富山県山田村では全458世帯のパソコン導入が準備されているという新聞報道がしばらく前にあったが[27]，これは特殊な例だとしてもまず比較的行いやすいところから－例えば，図書館や公

民館への配置など−進めていくべきである[28]。興味のある住民がまず触れる場が近くにあるということが肝要である。また，既に実施している自治体もあるが，行政モニター等に選ばれた人にはその期間貸し出すのも1つの方法であろう。このように環境整備は極めて重要な課題であり，その早急な進展が求められている。

(4) その他

　この他気づいた点としては，まずホームページの内容作成に関し職員でチームを編成すること，そして，それに加えて住民から募る検討委員会の設置が望ましい。名称や性質には特段こだわる必要はない。要は内容（コンテンツ）作りを深く豊かにするために多くの人々の意見を募るという観点から行われるべきである。その意味では，電子メールによる参加も大いに活用されるべきである。

　それから，インターネットを活用できない者に対しても十分な配慮が求められるということである。くれぐれも広報活動の目的を履き違えてはならない。あらゆる広報ツールを重層的に利用して，差別なく広報活動を享受できる仕組みが必要とされている[29]。その意味ではインターネットの活用は，広報ツールの1つの手段でしかないことを自治体側は十分認識しておかねばならない。

　さらには域外の受け手に対して，観光や物産関連の情報だけでなく地元出身者への広報活動やUターン情報，あるいはその他の受け手に対しても職員採用試験の案内やIターンなどの情報など実用的で役立つ情報も増やしていくことが必要とされよう。

　最後に自治体の広報活動というのは，効果の測定が困難な行政施策の1つである[30]。特にインターネットの利用についてもアクセス数だけでは判断できないし，そのことはあてはまっている。言えることは，結果を早急に求める性質のものではないことだけは確かだということである。まだこの活動は始まったばかりでもある。本当に受け手が求める内容を提供し上記の指摘した課題を少しずつでも克服する過程において，住民から必要な広報ツールとして認知されてくるのではないだろうか。

【注】
1）その指摘の一例として，会津泉「行政におけるインターネットの活用事例」日本インターネット協会編『インターネット白書'96』インプレス，1996年，102～105頁，日本情報処理開発協会編『情報化白書1996』コンピュータ・エイジ社，1996年，103頁等を参照。なお，震災以後現在に至る神戸市長田区のインターネットへの取り組みを扱った，「神戸市長田区から世界へ──震災1周年にインターネットホームページ開設」『地方自治職員研修』第29巻5号，公職研，1996年5月号，30，31頁も併せて参照。
2）この点についてはさしあたり，新田一郎「インターネットによる地域情報化」『地方自治職員研修』前掲書，18～21頁を参照。
3）リンクに関する文献として，金川幸司・小藤智代美「都市マーケティングと地域情報発信における公私の関係性に関する研究──自治体ホームページからのリンクを事例として──」『計画行政』第22巻第4号，日本計画行政学会，1999年など。
4）それぞれのアドレスは以下の通りである。
　　NIPPON-Net ［http://www.nippon-net.or.jp/］
　　Cyber Case Data Bank ［http://www.ccci.or.jp/city-cb/index.html］
　　ad world ［http://www.netforward.or.jp/adworld/index.html］
5）NIPPON-Netの概略については，新田一郎「インターネット地域情報検索システム＜地域発見＞について」『地方自治職員研修』第29巻第9号，公職研，1996年9月号，30，31頁を参照。
6）自治省大臣官房情報管理室編『地方公共団体における地域情報化施策の概要［平成7年版］』，第一法規，294頁。ただし，『晨』第15巻第8号，ぎょうせい，1996年8月号が報じる自治省大臣官房調査室の調査結果では，滋賀県工業技術センターの1994年（平成6年）1月を最初の設置としており，どちらが正しいのかは判然としない。従って，この記述も参考程度の理解に止めておかれたい。
7）ただしこの数は，現時点でNIPPON-Netで見ることが可能なホームページの合計である。また，この数字自体はそれほど正確ではないことを予め付記しておく。というのは，この時点で開設はされているものの，まだ登録していない，あるいは登録が完了していない自治体があること（例として注12を参照），さらにこの数字の算出にあたっては同一の自治体であっても，複数の部署で独立して開設していれば，それぞれ別個に勘定に入れていること等の理由による。従って，これらの数字はおおよその傾向を把握するための目安として理解されたい。
8）自治省大臣官房情報管理室編『前掲書』，293，294頁に拠る。
9）この数字も，注(7)同様NIPPON-Netで見ることができるホームページ数である。従って，この数字の性格については先述の通り。
10）これは，自治体に関する限りにおいてである。当然のことながら，民間企業，個人を含めたインターネットの開設数となると，圧倒的に大都市が多い。その場合多い方から，

東京都，神奈川県，大阪府，愛知県，京都府の順となる（1996年3月31日現在）。詳細は，「都道府県別インターネットのホームページ数」郵政省編『通信白書［平成8年版］』大蔵省印刷局，1996年，323, 324頁を参照。

11) 日本情報処理開発協会編『前掲書』, 103頁。

12) 例えばNIPPON-Netで東北6県にあたる限り，岩手県の開設数は3番目である。なお東北6県の開設数は, 1) 秋田県［8］, 2) 山形県［6］, 3) 岩手県［5］, 3) 宮城県［5］, 5) 福島県［3］, 6) 青森県［1］の順になる。実際には岩手県は7自治体開設されているのだが，このNIPPON-Netに現在までに登録されているのは5自治体と実数と異なっていることに注意。

13) この問いに対しある自治体は，回答欄にはない回答項目を設定した上で「意向はあるが具体化していない」という回答をしている。これについては他の自治体同様（意向はあるが具体化していない場合，他の自治体は「ない」を選択している），予定が「ない」という回答として取り扱った。

14) デジタル・ディバイド（digital divide）とは，持つ者と持たざる者の間の情報格差のことを意味し，これは若者と高齢者，勤労者と非勤労者，あるいは貧富等様々な階層差で生じ得る。

15) 情報リテラシーとは，単純に情報機器の操作という点だけに止まらず，自分の必要とする情報を取捨選択の上理解し，かつこちらから外に向けて情報を発信することができる能力などを含む。詳細は，拙稿「情報化と政治過程——インターネットの普及，進展を通して——」賀来健輔・丸山仁編『ニュー・ポリティクスの政治学』ミネルヴァ書房, 2000年, 303頁。

16) 開設自治体のアンケート調査について，ここでは支障がないと思われる範囲内で自治体名を記す方針をとった。

17) 以下の3自治体の事例の記述は，それぞれのホームページの観察に基づいていることを，予め付記しておく。

18) 域外向けと域内向けのバランスのとれた理想的な内容構成を実現している自治体として，例えば小田原市など。小田原市のホームページの概略については，朝倉紀之「市役所のホームページから市民のホームページへ」『広報』第528号，日本広報協会，1996年5月号, 15〜17頁を参照のこと。参考までに小田原市のホームページ・アドレスは次の通り。[http://www.space.ad.jp/vcity/odawara/index-j.html]

19) 財団法人地方自治協会『地方自治体における情報公開に関する研究』財団法人地方自治協会, 1983年, 18頁（表序−2参照）。

20) オン・ディマンド（on demand）とは，時間，場所等を問わずいつでもどこでも端末さえあれば見たい時に見ることができることをいう。

21) アメリカにおけるインターネットを利用した政府情報の公開については，さしあたり指宿信・米丸恒治「インターネットにおける法情報の現状とその利用（3）」『法律時報』

第67巻11号,日本評論社,1995年。関連して,「アメリカ議会のインターネットの活用について,大津修一「インターネットを活用する米国議会」『議会政治研究』36号,1995年,40～51頁,わが国の国会の情報化の動きについて,長久保洋二「インターネットと国会の情報化――参議院の事例を中心に」『同上』,52～57頁,石川俊行・森正英「国会の情報化と未来像」『同上』,67～72頁,各国政府,議会の動向について,畠基晁「各国政府によるインターネット活用と議会」『同上』,58～66頁をそれぞれ参照。また,比較的新しい紹介として,宇都宮深志「行政情報の提供と市民参加」『都市問題』第90巻第2号,1999年2月号,宇都宮深志編『情報公開制度の新たな展望――公開情報の供給システム――』行政管理研究センター,2000年,特に第3部を参照のこと。

22) わが国他の電子メディアを利用した情報公開について触れたものとして,今里滋「インターネット時代の情報公開」春日市個人情報保護審議会専門研究会編『「知る権利」・「知られない権利」－春日市「情報二条例」の回顧と展望－[10周年記念論文集]』,信山社,1996年,98～107頁。

23) 高知県のホームページ上の食糧費執行状況に関する記述としては,谷口泰三「マルチメディア社会創世期の現場第47回」『毎日新聞』1996年8月25日付。参考までに,高知県のホームページ・アドレスは次の通り。[http://www.pref.kochi.jp/] 直接食糧費の執行状況のページにアクセスするには,上記/以下に[bunsho.htm]を追加のこと。

24) 西宮市のパソコン通信を利用した広聴活動については,古賀偉夫「広聴におけるワープロ(パソコン)通信の利用(上)――時間・場所に拘束されない市政モニター事業」『広報』,日本広報協会,1993年6月号,48～51頁,及び,同「広聴におけるワープロ(パソコン)通信の利用(下)――新しいコミュニケーションの場をつくる電子会議」『広報』日本広報協会,1993年7月号,28～31頁を参照。

25) 東京都中央区の試みに関する紹介は,「インターネットを通じて提言を募集」『晨』第15巻第6号,ぎょうせい,1996年6月号,62頁,神奈川県大和市の試みに関する紹介は,「インターネットで都市計画への意見を聴取」『晨』第15巻第4号,ぎょうせい,1996年4月号,66頁を参照のこと。なお,それぞれのホームページ・アドレスは次の通り。東京都中央区 [http://www.ccci.or.jp/chuo-city],神奈川県大和市 [http://www.mag.keio.ac.jp/yamatotk/]。

26) デジタル・オポチュニティ (digital opportunity) とは,本文中にも示したように,情報化が功を奏し,これまでより好まれる機会を提供することをいう。例えば,情報化によりインターネットにアクセスすることによって,自宅に居ることを強いられている障害者や子持ちの主婦層の社会参加の手だてとなることなどである。先のデジタル・ディバイドがIT化の否定的側面だったのに対し,こちらは肯定的側面を言い表す。

27) 朝日新聞,1996年6月11日付。倉田勇雄『山田村の行進曲はインターネット』くまざさ社,1997年,同『やる気がつくる!電脳社会』くまざさ社,1998年を参照。

28) その一例として,「図書館にインターネット用パソコン設置」『晨』第15巻第3号,ぎ

ょうせい，1996年3月号，55頁を参照。このインターネット利用の環境整備への言及として，大阪府『公共部門におけるインターネットの活用をめざして――公共部門インターネット活用ガイド』，大阪府，1996年，37，38頁。

29）この点は，大阪府『前掲書』36頁においても指摘されている。

30）この点に関しては，本調査研究以降に論じた拙稿「行政評価と自治体広報活動」『広報』第580号，日本広報協会，2000年，を参照されたい。

第2章
岩手県域自治体を対象とした第2回(1998年)調査

1.はじめに

　わが国社会においてインターネットへのアクセスが急速に普及し始めたのは，1990年代中盤以降のことであったが，その勢いは現在(1998年)に至るまで衰えていない。なかでも，受け手に止まらず自ら送り手となるインターネットを活用した情報発信(その多くは，いわゆるホームページの開設)が，このところ企業・団体(公私共)，個人の別を問わず目立って急増している。これら本格的な普及の背景には，アクセス環境の整備——すなわちパソコン価格の下落，プロバイダー業者が急増し接続料金が大幅に引き下げられたこと，さらには全国のかなりの地域にまでアクセス・ポイントが設置されたこと等——に因る点が大きいと思われる。

　ともあれその結果現在では，我々が日常の生活を営む上で電子メールをやりとりしたりホームページを閲覧もしくは開設したりといった行為が，それほど珍しいものとして目に映らなくなってきたことは確かである。この点からインター

ネットが，現代社会におけるコミュニケーション・ツールの1つとして認知されたといっても，もはや言い過ぎではない。

ところで，このようなインターネットの普及は，むろん自治体行政分野においても例外ではなく，多少の時間的なずれはあるにせよほぼ同様の展開過程を追ってきている。自治体行政においても同じく近年特に目立っているのが，ホームページの開設である。第2項において概観するが，ここ数年の間に全国自治体のホームページ開設数は飛躍的に増加し，現在もなお多くの自治体がその開設を予定もしくは準備中といった状況にある。

筆者はこの自治体のホームページ開設に関しては，既に2年程前（第1章）にそれをインターネットを活用した自治体広報活動の一環として位置づけ，行政と住民とを結ぶ新しいコミュニケーション・ツール（＝広報広聴ツール）としての機能を探るために，岩手県内自治体の調査検討を行っている。その時点ではまだ開設自治体もさほど多くはなく，このような観点から特段の目立った動きを認めるには至らなかったが，現在に至る間にその状況は一変したという印象を持っている。それはホームページの開設自治体が増加するにつれ情報発信の内容が多様化し出したことや，インターネットの特質の1つである双方向性機能を生かした内容作りが，少しずつではあるが確実に認められ出した点などに因るものである。

さて本章の目的は，今後も継続的に行っていくいわば定点観測的な作業の一環として，前回と同様の調査方法を用い県内自治体のインターネット活用の動向を探ることと，さらにはその比較検討を踏まえたこの2年間の変化を明らかにし，その課題を検討することである。もちろん，そこでは筆者がこれまで従事してきた住民参加研究の枠組みから，インターネットという新しいコミュニケーション・ツールが，自治体広報活動（＝狭義の広報，広聴活動を含む）において，行政と住民とを繋ぐ有機的な広報ツールとして活用されているのかという点に改めて最大の関心が払われることになる。

2．自治体におけるインターネットの活用動向

(1) 全国規模における自治体の活用動向

ここでは，次項以下で県内自治体を対象に検討していくにあたり，その前提的な理解として最低限必要と思われる全国的な自治体のインターネットの活用動向についてごく簡単に触れておく。具体的に概観するのは，自治体のホームページの開設動向とその内容に関してである。

まず最初に自治体ホームページの開設動向は，冒頭にも触れたが，全国的にごく短期間の間に飛躍的な開設数の増加が認められる。その勢いは，例えばここ1，2年いくつかの関係省庁等が自治体のホームページ開設数を調べているが[1]，その調査結果が公表されてまもなく実態とかけ離れた数字になるといった状況に端的に表れている。つまり，それほどまでに大きな伸びを示しているのである。このような状況にあって，現時点においては，比較的新しいと思われる次の調査結果をさし当たり紹介しておく。

1つめは，筆者が第1章で行った調査方法を再度用いた開設数の比較である。そこでは，NIPPON-Net[2]の「自治体マップ検索」に登録されている開設数を調べたのだが，先の時点(1996年9月1日)ではおよそ340自治体がホームページを開設していた。それが現時点(1998年7月13日)においては，1,001自治体にものぼっている。これは，約2年で3倍に増加したことになる。

2つめは，先頃行われた(1997年10〜11月)日経産業消費研究所の調査結果[3]である。それに拠れば，現在までに47都道府県全てと755の市区町村すなわち合計で802自治体がホームページを開設し，これは同研究所の前回調査（その時点では310自治体）と比較して1年間で2.6倍の伸びを示したということである[4]。

これらの調査結果は，いずれも数字の精度としては決して高いとは言えないが[5]，全国的な傾向として，ここ1，2年自治体のホームページ開設が急速に進んでいる状況を察するには十分に足る数字と言えよう。

次にそのホームページで行われている情報発信の内容を見ると，公にされている調査結果を見る限りでは[6]，依然として観光案内や特産品紹介，あるいは郷土

案内といった情報が最も多く発信されている。先の日経産業消費研究所の調査結果でも、やはり「観光案内」を発信する自治体が最も多く、次いで「郷土紹介」、「イベント案内」と関連項目が続き、また、これらの項目は他の項目（全部で21項目）の数字を大きく引き離していた[7]。例えば、4番目の項目「行政情報」を発信する自治体は、3番目の「イベント案内」の半分にも満たない。

この3項目は、恐らくは地域外の人々を対象にしたものと窺えることから、観光や特産品情報に偏る傾向は、第1章でも論じたところだが、未だ多くの自治体がホームページを「まちおこし、地域活性化」のための情報発信ツールとしてのみ強く認識しているに止まることの表れとして受け取れる。

以上のことをもって、自治体インターネットの急速な普及の現況と、また内容的には依然観光や特産品情報を主とする地域外向けの情報発信が中心であることが理解されたはずである。

(2) 自治体の新しい活用動向

(1)の概観からは、全国的な自治体のホームページ開設に関しては、もはや初期段階（第1段階）を脱したと見るのが妥当であろう。その意味において、最近よく見かける「わが国自治体のインターネット活用は、すでに『導入期』を過ぎ、『成長期』にあるといってよい」[8]といった類いの指摘には、筆者も同様の認識を抱いている。そして、この言わば第2段階においては、観光や特産品情報を中心とする「まちおこし、地域活性化」を目的とする情報発信、あるいはまたホームページにおける（狭義の）広報活動領域の偏重が未だ主流であることは認めざるを得ないにしても、他方内容面で第1段階とは異なる変化が生じてきているのも確かである。それは、概ね次の2点において指摘できる。

第1点は、住民の意見聴取の手段として活用する事例が目立ってきたことである。これは、ようやく自治体側がインターネットの双方向性、なかでもそのフィードバック機能の部分に目を向け出したものとして理解できる。このことはまた、従来インターネットを活用した広報活動に欠如してきた広聴活動領域が、ホームページの内容面において一定のポジションを獲得し始めた兆候として捉えることができよう。なかには、さらに進んで政策形成過程への住民参加手段とし

て活用する事例も現れ始めた（例えば，神奈川県大和市の都市計画マスタープランの策定過程における市民参加手段としての活用[9]など）。これなどは，筆者が常々広聴活動に抱いてきた「住民参加（手段）としての広聴活動＝（広義の）自治体広報活動のイノベーションへの試みの1つ」という認識を具体化するものとして非常に興味深い試みである。

この広聴活動領域，広くは住民参加手段としての活用は，第1章でも触れた東京都中央区や神奈川県大和市における事例の他，神奈川県鎌倉市や藤沢市，また，東京都知事の私的諮問機関「生活都市東京を考える会」等の試み[10]など徐々に各地で見られるようになってきた。

このような動向を眺めてみると，政策形成過程への住民参加手段と広聴活動の垣根がほとんど取り払われ，その相違の区分自体を考えることが無意味になってきていることを示唆しているとも言えよう。

第2点は，行政情報の公開・提供手段としての活用である。ここでいう行政情報とは，単なるお知らせ的なそれを意味するのではなく，従来であれば他の方法においても得難かった情報の類いを指している。この種の行政情報を，自主的にホームページ上で公開・提供するというものである。

これは，明らかに食糧費の不正支出などを始めとする一連の世間を賑わせた行政機関の不祥事によって住民の信頼を失墜させた自治体側が，その信頼回復の手段として，すなわち行政過程の透明化を図る一環としてインターネットを活用するようになったものと考えられる。主な事例としては，第1章でも既に触れた高知県を皮切りとする食糧費の執行状況や，また岩手県のように旅費や知事の交際費にまで広げて掲載するところなどが挙げられる[11]。

また，この系統に属するもう1つの試みに，これまでその密室性がつとに指摘されてきた審議会等の諮問機関における議事録や資料の公開・提供がある[12]。

さらに行政情報ではないが広く公共情報として眺めるならば，自治体の議決機関すなわち地方議会においても最近インターネットを活用した広報活動を行う傾向が目立っているが，そこでは，通常我々住民の目に触れにくかった議会の本会議や委員会の議事録を公開・提供する試みが見られる[13]。

以上指摘した2つの点は，第1点が住民の行政過程への参加に関わることで

あり，第2点が住民に対する行政情報の公開・提供に関わることである。これらは，いずれも自治体側からのアプローチであるが，「情報なくして参加なし」と言われる如く両者は密接に結びついている[14]。紹介してきたそれぞれ（情報を知り得ること，行政過程に参加すること）についての事例が，既存の手段に付け加えられる新たな試みであるとするならば，自治体のインターネット活用を考える場合，どちらか一方だけの機能的充実は許されないであろう。つまり，それらの最終的な目的が既存の方法と併せた行政過程の民主化に置かれる以上，インターネット上においても相乗的な充実が求められるのは当然である。そして，そこからは自ずと（狭義の）広報活動領域と広聴活動領域のバランスのとれた配置（内容構成）が要請されてくるはずである。ただし，これは1つインターネットという広報手段に限定されたものではないのは言うまでもない。

　この点からは，自治体のインターネット活用自体は第2段階に入ったとはいえ，これらの試みはまだ胎動期とでも言うべき段階であり，未だ圧倒的に観光や特産品情報，もしくはお知らせ的行政情報に偏している実態は改めて課題として喚起を促してよい。

　さて，概観してきた全国の自治体インターネットの現状と比較して，岩手県内自治体の活用動向はどうであろうか。次項以下では，改めてアンケート調査と観察調査からその現状と課題を検討する。

3．岩手県内自治体の現状(1)
　〜「第2回岩手県内自治体におけるインターネットを利用した
　　自治体広報活動アンケート調査」結果より

(1) 調査の概要

　本アンケート調査は，岩手県内各自治体のインターネットを活用した広報活動の現況，自治体の現状認識，課題等を検討することを目的として行ったものである。このアンケート調査は，先に第1章で検討した1996年（平成8年）7月に実施の「第1回インターネットを利用した自治体広報活動に関するアンケート調

表2－1 調査の概略

調査期間　1998年7月上旬～7月中旬
調査方法　調査票郵送方式
調査対象　岩手県内自治体
調査対象別回収率

	回収自治体数	各自治体数	回収率(%)
県	1	1	100.0
市	12	13	92.3
町	29	30	96.7
村	14	16	87.5
計	56	60	93.3

査」(以下第1回調査)以来約2年を経過して行われたものであり，その間の変化を明らかにする意味合いから前回調査のフォローアップとして位置づけられる。

　このアンケート調査は，1998年(平成10年)7月6日付で岩手県内全60(県および全市町村)の各自治体に向けて実施し，配布・回収とも郵送法によった。回答基準日を7月5日に設定し，一応の回答期限を7月19日に設定した。この日までに未回答の自治体については改めて返送を促し，最終的には全60自治体のうち56自治体から回答が得られた。特段無効と見なす回答は見られず，有効回答率は93.3%であった(表2－1)。

(2) アンケート調査の結果

(2)－1．ホームページの開設状況

　岩手県内60自治体中アンケート調査の回答を得た56自治体のうち，現在ホームページを開設していると回答した自治体は，40自治体であった。この調査結果に関する限りでは，岩手県内自治体の約7割(71.4%)が既にホームページを開設し広報活動を行っていることになる(図2－1)。ただし，回答を得られなかった自治体もあるので，実際の比率は若干異なる。筆者が独自に調査したところでは，この他3自治体が開設しており，それを入れると43自治体になる(表2－2)。これは全自治体の71.7%を占め，先のアンケート調査の結果よりやや高めである。いずれにせよ，岩手県内では，既に約7割の自治体がホームページを開設していると理解してよい。

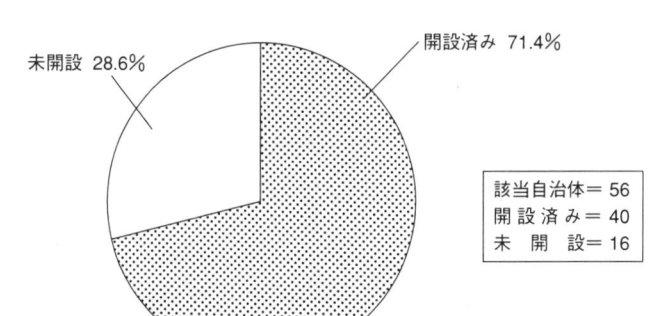

図2－1　ホームページの開設状況

```
該当自治体＝ 56
開設済み ＝ 40
未 開 設 ＝ 16
```

開設済み 71.4%
未開設 28.6%

　さて，第1回調査では7自治体が開設し，今回43自治体が開設しているということは，2年間で約6倍の伸びを示したことになる（図2－2）[15]。これは，先のNIPPON-Netの全国レベルの調査比率が3倍であったことを考えると，それを遥かに凌ぐ高い数字である[16]。このことは，岩手県内各自治体のホームページ開設意欲が高いことを示している。
　開設状況が明らかになったところで，開設自治体と未開設自治体に分けてアンケート調査の結果を見ていくことにする。

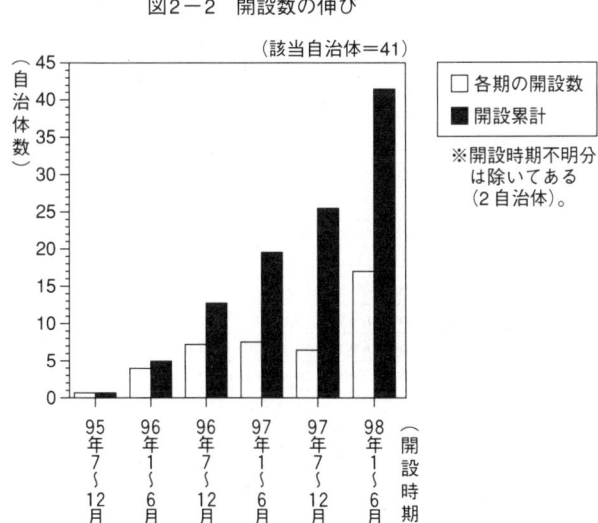

図2－2　開設数の伸び

（該当自治体＝41）

□ 各期の開設数
■ 開設累計

※開設時期不明分は除いてある（2自治体）。

（自治体数）／（開設時期）
95年7～12月
96年1～6月
96年7～12月
97年1～6月
97年7～12月
98年1～6月

表2－2　岩手県内の開設自治体　　　　　　（96年7月5日現在）

		自治体名	ホームページアドレス（URL）	開設時期
岩手・紫波地区	1	岩　手　県	http://www.office.pref.iwate.jp/	96年9月
	2	盛　岡　市	http://www.nnet.ne.jp/moriokacity/frame.html	96年12月
	3	葛　巻　町	http://www.town.kuzumaki.iwate.jp/index.html	98年6月
	4	岩　手　町	http://www.town.iwate.iwate.jp/index.html	98年6月
	5	西　根　町	http://www.town.nishine.iwate.jp/index.html	98年2月
	6	松　尾　村	http://www.vill.matsuo.iwate.jp/index.html	98年6月
	7	玉　山　村	http://www.vill.tamayama.iwate.jp/index.html	98年6月
	8	滝　沢　村	http://www.vill.takizawa.iwate.jp/	98年3月
	9	雫　石　町	http://www.town.shizukuishi.iwate.jp/title.html	97年11月
稗和・胆江地区	10	大　迫　町	http://www.echna.ne.jp/~ohasama/	96年7月
	11	石鳥谷町	http://www.echna.ne.jp/~rinta/	96年4月
	12	花　巻　市	http://www.city.hanamaki.iwate.jp/index	95年12月
	13	北　上　市	http://www.kitakami.or.jp/~kitagami/home/home.html	97年4月
	14	沢　内　村	http://www.kitakami.or.jp/~sawauchi/	98年6月
	15	湯　田　町	http://www.kitakami.or.jp/~townyuda/	98年4月
	16	金ヶ崎町	http://www.isop.ne.jp/atrui/kane.html	不　明
	17	江　刺　市	http://www.esashi-iwate.gr.jp/	98年2月
	18	胆　沢　町	http://www.town.isawa.iwate.jp/	98年6月
	19	前　沢　町	http://www.isop.ne.jp/atrui/~maes.html	96年12月
両磐・気仙地区	20	一　関　市	http://www.city.ichinoseki.iwate.jp/title.shtml	98年3月
	21	花　泉　町	http://www2.kpc.co.jp/hanaizumi-town/	98年4月
	22	大　東　町	http://www.etos.co.jp/~daito/	96年4月
	23	住　田　町	http://www.nnet.ne.jp/sumita/	97年7月
	24	陸前高田市	http://www.nnet.ne.jp/takata/	98年5月
	25	大船渡市	http://www.nnet.ne.jp/~ofunato/	97年9月
	26	三　陸　町	http://www.nnet.ne.jp/~sanriku/index.html	97年10月
上・下閉伊地区	27	遠野市＊	http://www.evhna.ne.jp/tohno/	96年4月
	28	大　槌　町	http://www.rnac.or.jp/~ochan/	96年6月
	29	山　田　町	http://www.echna.ne.jp/~yamada/	96年11月
	30	新　里　村	http://www.vill.niisato.iwate.jp/	98年4月
	31	川井村＊	http://www.nnet.ne.jp/~kawai/menu.html	96年7月
	32	岩　泉　町	http://www.echna.ne.jp/~iwaizumi/	97年9月
	33	普　代　村	http://www.echna.ne.jp/~fudai/	97年3月
九戸・二戸地区	34	久　慈　市	http://www.rnac.or.jp/~kuji/	97年3月
	35	野　田　村	http://www.rnac.or.jp/~noda/	97年3月
	36	山　形　村	http://www.rnac.or.jp/~yamagata/	不　明
	37	種　市　町	http://www.rnac.or.jp/~taneichi/	97年3月
	38	大　野　村	http://www.vill.ohno.iwate.jp/index.html	97年3月
	39	軽　米　町	http://www.town.karumai.iwate.jp/	96年12月
	40	九　戸　村	http://www.w-net.ne.jp/kunohe/	97年2月
	41	二　戸　市	http://www.w-net.ne.jp/ninohe/	97年11月
	42	一　戸　町	http://www.w-net.ne.jp/ichinohe/	98年3月
	43	安　代　町	http://www.town.ashiro.iwate.jp/index.html	98年6月

注）＊印は、今回アンケート調査未回収の自治体

(2)-2. 開設自治体のアンケート調査結果

(2)-2-1. 推進体制

まず，インターネットによる広報活動に従事している「人員体制」について訊ねてみた。担当している職員が「1名」と答えた自治体が17自治体，「2名」が12自治体，「3名」が2自治体，「4名」が2自治体，「5名」が2自治体，「無回答」が5自治体という結果であった。また，専従の担当者を置いて「いる」自治体が4自治体，置いて「いない」自治体が34自治体，無回答が2自治体あった。

この結果からは，膨大な事務量に対し財政逼迫の折から職員数が漸減傾向にあるなかでの厳しい人員配置の状況が第1回調査以来改めて浮かび上がってくる。とはいえ担当者が1名という自治体が圧倒的に多い現状は，なおその推進体制としてあまりにも貧弱であると言わねばならない。たとえ実質的なメンテナンスや作成を制作代行会社に任せるとしても，ホームページにおける広報活動の内容は，100％行政側が主体的に行うべき性質を有している。そうであるならば，自治体サイドの担当者が1人というのはいかにも心許ない気がする。専従で担当者を置けなくともできるだけ多くの職員が作成段階で目を通し，関与し得る体制をいかに確保していくかが，この活動に対する認識の差として表れてくるはずである。また民間の制作代行会社に内容およびその構成まで委ねるのは，とりもなおさず行政活動の一端を担わせることに他ならず，安易である以前に危険ですらある。

なお「推進担当課」についても参考までに聞いたが，多くは企画調整系の広報もしくは情報関係の部署で進められていたが，1自治体のみ特産品販売に特化した形でホームページを開設している関係であろうか，農政課が行っている自治体が見られた。

(2)-2-2. 開設の目的

次に「ホームページ開設の目的」に関して，質問してみた。まず「開設目的」自体について訊ねたところ，「1.(狭義の)広報及び広聴手段」と答えた自治体が23自治体，「2.(狭義の)広報手段」と答えた自治体が13自治体，「3.広聴手段」

図2−3 開設目的

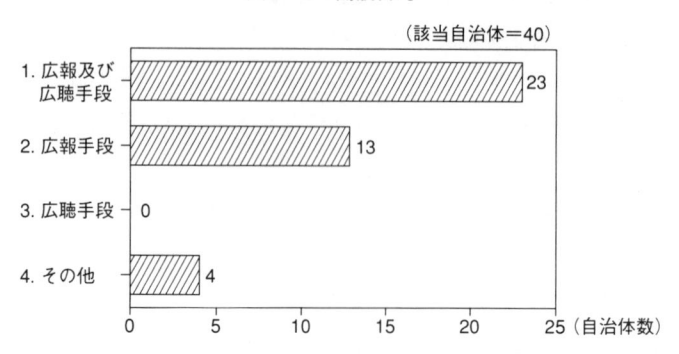

(該当自治体＝40)

1. 広報及び広聴手段　23
2. 広報手段　13
3. 広聴手段　0
4. その他　4

だけと答えた自治体は0,「4. その他」が4自治体という結果であった(図2−3)。この「その他」の具体的内容とは,「特産品の販売手段」や「観光案内」などであるが,どちらも「(狭義)の広報手段」に含むことが本来相応しい。

　実際のホームページを見る限り,広報活動領域の情報発信に偏っている傾向は否めないが,開設自治体の約6割近く (56.4％) が,その開設目的として (狭義の) 広報および広聴手段双方を挙げている。この点第1回調査結果 (57.1％) と開設自治体数が大幅に急増した今回とは,ほぼ同じ結果となっている。しかし,内容実態はなお伴っていない。その意味では,各自治体は目的として認識はしながらも,現状ではその具体的行動に移れないでいるということになる。これに関連して,そもそも (狭義の) 広報活動と広聴活動のあるべき比率が均等ではないということを意味しているのか。この点はこの回答だけでは測りかねる。この問題は別途広報活動領域と広聴活動領域のバランスの在り方として論じられるべきである。

(2)−2−3.(狭義の)広報活動に関して
 a. 具体的目的
　また,開設目的に「広報」を含んで回答した36自治体には,その「具体的な目的」(図2−4),「他の広報活動のツールとの比較」(図2−5) についてそれぞれ訊ねてみた。
　「具体的な目的 [複数回答]」として,「1. 観光客誘致等のまちおこし,地域活

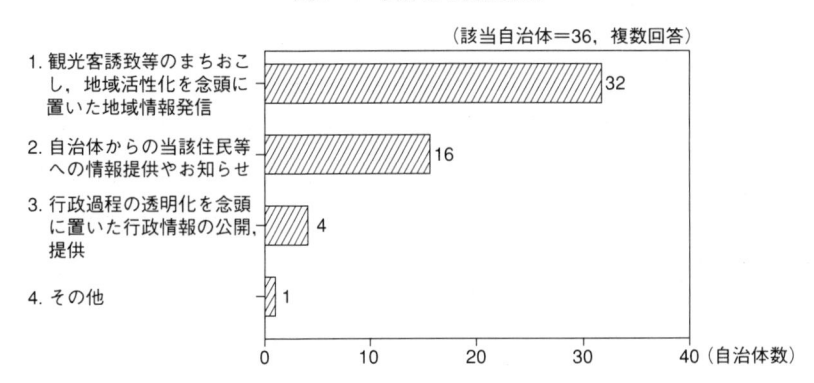

図2－4　具体的な開設目的

(該当自治体＝36，複数回答)

1. 観光客誘致等のまちおこし，地域活性化を念頭に置いた地域情報発信　32
2. 自治体からの当該住民等への情報提供やお知らせ　16
3. 行政過程の透明化を念頭に置いた行政情報の公開・提供　4
4. その他　1

性化を念頭に置いた地域情報発信」と答えた自治体が32自治体，「2. 自治体からの当該住民等への情報提供やお知らせ」が16自治体，「3. 行政過程の透明化を念頭に置いた行政情報の公開・提供」が4自治体，「4. その他」が1自治体という結果であった。それぞれ回答の組み合わせは，1. のみ挙げた自治体が16自治体，2. のみ挙げた自治体が3自治体，1., 2. を共に挙げた自治体が8自治体，2., 3. を共に挙げた自治体が1自治体，1., 2., 3. を共に挙げた自治体が3自治体，1., 2., 4. を共に挙げた自治体が1自治体という具合であった。

　約9割（32自治体）もの自治体が，その具体的な開設目的として「まちおこし，地域活性化」を挙げ，またその1点しか目的としない自治体が4割強（16自治体）も存在するという実態からは，多くの自治体にとってインターネットを活用した広報活動は，今なお「まちおこし，地域活性化」のための情報発信手段として非常に強く認識されていることが分かる。そして，それはまた，他の具体的目的が，「まちおこし，地域活性化」と比較してインターネットで情報発信する内容としては，かなり低い認識を持たれていることを意味する。

　なかでも，一連の行政不祥事から行政過程の民主化が強く叫ばれる現在にあって，その具体的な方策の1つである「行政過程の透明化を念頭に置いた行政情報の公開・提供」を挙げた自治体が4自治体であった。この評価は難しいところである。回答自治体数から見ると少ない数字であり否定的に捉えることも可能であるが，一方第1回調査では全く見当たらなかったことを考えると，よう

やく岩手県内自治体でもそのような動きが出始めたと肯定的に捉えることも可能である。率直に今後の伸長に期待したいところである。

b. 他の（狭義の）広報活動のツールと比較しての評価

「他の広報活動のツールと比較しての評価」に関しては，「1. 比較して機能的価値がとても高い」と答えた自治体が3自治体，「2. 比較して機能的価値がやや高い」は14自治体，「3. 同程度」は8自治体，「4. 比較して機能的価値がやや低い」は9自治体，「5. 比較して機能的価値はとても低い」は0，無回答が2自治体という結果であった。

他の広報活動のツールと同程度以上の評価をしている自治体が25自治体あるということは，一定の機能的評価が与えられていると見てよいだろう。「とても高い」あるいは「とても低い」といった極端な評価がまだあまり見られないのは，まだそのような評価を下すには現段階では時期尚早との判断からなのだろうか。

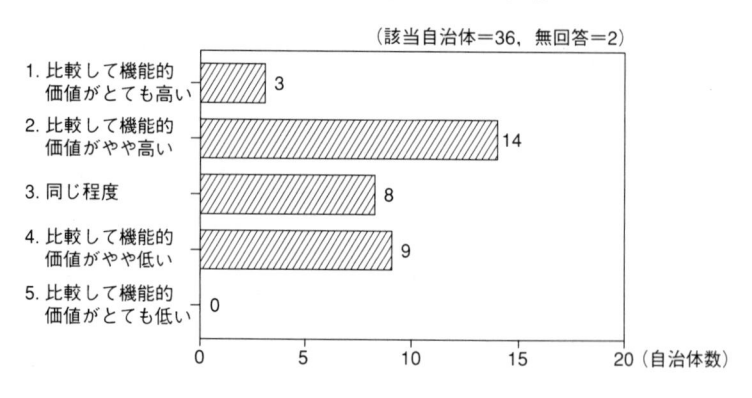

図2－5　他の広報ツールとの比較

（該当自治体＝36，無回答＝2）

	自治体数
1. 比較して機能的価値がとても高い	3
2. 比較して機能的価値がやや高い	14
3. 同じ程度	8
4. 比較して機能的価値がやや低い	9
5. 比較して機能的価値がとても低い	0

(2)－2－3．広聴活動に関して

他方「開設目的」に「広聴」を含んで回答した自治体（23自治体）にも，その広聴の「具体的な目的［複数回答］」，「行政参加手段としての認識」，「他の広聴活動のツールとの比較」，「今後採用予定の広聴ツール」について質問してみた。

a. 具体的目的

　「具体的な目的」として,「1. 自治体行政全般への意見聴取」を挙げた自治体が11自治体,「2. ホームページを見た感想等の意見聴取」を挙げた自治体が16自治体,「3. 政策過程への住民参加」を挙げた自治体が3自治体,「その他」は0であった（図2-6）。それぞれ回答の組み合わせは, 1.のみ挙げた自治体が6自治体, 2.のみ挙げた自治体が11自治体, 3.のみを挙げた自治体が1自治体, 1., 2.を共に挙げた自治体が3自治体, 1., 2., 3.を共に挙げた自治体が2自治体という具合であった。これもこの時点で「政策過程への参加」という住民参加としての広聴活動として明確に理解している自治体が, 3自治体あったことへの評価は難しい。岩手県内での胎動として, ひとまず評価すべきであるのだろう。

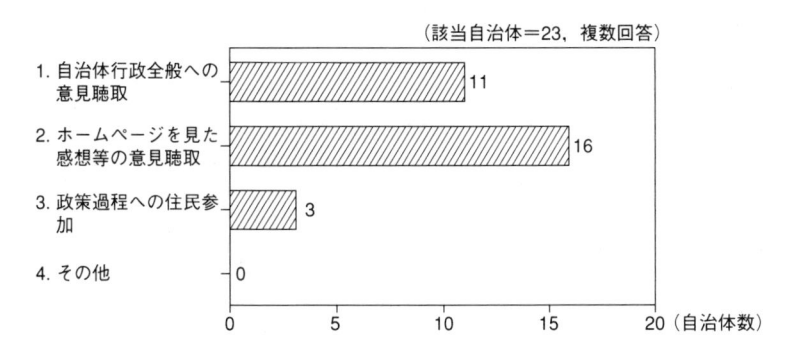

図2-6　広聴の具体的目的

（該当自治体＝23, 複数回答）

項目	自治体数
1. 自治体行政全般への意見聴取	11
2. ホームページを見た感想等の意見聴取	16
3. 政策過程への住民参加	3
4. その他	0

b. 行政参加手段か否か？

　また, インターネットを利用した広聴活動を,「住民の行政参加の手段として位置づけているか」という質問には,「1. はい」と答えた自治体が9自治体,「2. いいえ」と答えた自治体が2自治体,「3. 広聴活動ではあるが行政参加手段とまでは考えない」と答えた自治体が12自治体あった（図2-7）。この時点で行政参加手段として広聴活動を見なしている自治体は, 約4割（39.1％）あり,「政策過程への住民参加」とまではまだ見なしてはいないものの, 行政への参加と位置づけている自治体は一定程度明確にいることが分かる。この辺の微妙な意

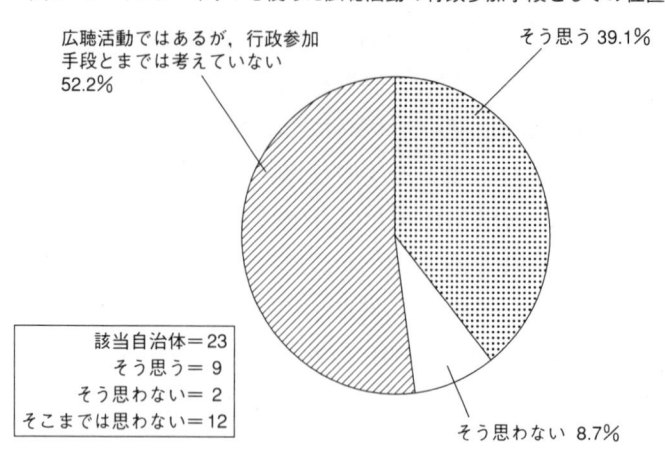

図2－7　インターネットを使った広聴活動の行政参加手段としての位置づけ

広聴活動ではあるが，行政参加手段とまでは考えていない　52.2%
そう思う　39.1%
そう思わない　8.7%

該当自治体＝23
そう思う＝9
そう思わない＝2
そこまでは思わない＝12

識差が，今後一歩進んで前者の方にまで収斂していくのか興味が持たれるところである。

c. 他の広聴活動のツールと比較しての評価

そして，「他の広聴活動のツールと比較しての評価」に関しては，「1. 比較して機能的価値がとても高い」と答えた自治体が1自治体，「2. 比較して機能的価値がやや高い」と答えた自治体が8自治体，「3. 同程度」と答えた自治体が5自治体，「4. 比較して機能的価値がやや低い」と答えた自治体が6自治体，「5. 比較して機能的価値はとても低い」と答えた自治体が1自治体，無回答が2自治体という結果であった（図2－8）。

最初の2つの問いの結果は，未だ先の「まちおこし，地域活性化」のための情報発信手段としての認識が強いことの側面的な表れとして理解できよう。つまり，その点からは，「まちおこし，地域活性化」に繋げるために効果的な情報発信を行うことが不可欠であるため，現時点で「ホームページを見た感想等の意見聴取」が最も多くなるのは頷けるし，逆に「政策過程への住民参加」を挙げる自治体が少数に止まっている（3自治体）こと，あるいはインターネットによる広聴活動を「住民の行政参加手段」としてまだ認めたがらない自治体がまだ6割も存在することは，先に見た広報活動の具体的な目的の中で，「行政過程の透明化を念頭に置いた行政情報の公開・提供」を挙げる自治体が少なかった

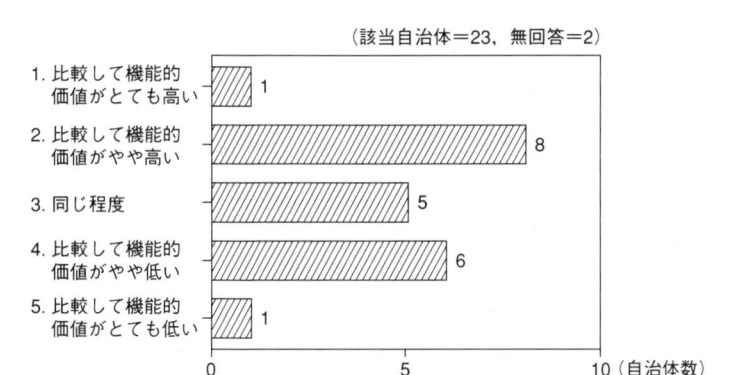

図2−8　他の広聴ツールとの比較

（該当自治体＝23，無回答＝2）

- 1. 比較して機能的価値がとても高い　1
- 2. 比較して機能的価値がやや高い　8
- 3. 同じ程度　5
- 4. 比較して機能的価値がやや低い　6
- 5. 比較して機能的価値がとても低い　1

こと（4自治体）と根底で共通している事柄である。つまり，そのいずれもが「行政過程の民主化」を目標とする事柄であり，そのような目的として現状では，インターネットを活用した自治体広報活動はそれほど認識されていないことを意味していると思われるからである。しかし，筆者は岩手県内自治体でも一方で明確な胎動を読み取ることができるようになったと，その結果を敢えて肯定的に受け取りたい。この点次回調査結果との比較が待たれる。

　インターネットによる広聴活動の「機能的評価」に関しては，広報活動の場合とほぼ同様に全体的にばらついた評価がなされている。従って，なおこの時点では，一定の方向に収斂される結果は出ていない。

d. 今後採用予定の広聴ツール

　このカテゴリーの設問の最後に，ホームページを開設していると回答を寄せた40の開設自治体全てに現在は実施していないが，「今後採用する予定のインターネット上の広聴活動の方法」は何かあるかどうか聞いてみた（図2−9）。

　結果は，行う予定が「1. ある」と答えた自治体が8自治体，「2. ない」と答えた自治体が28自治体，無回答が4自治体あった。「1. ある」と答えた自治体の具体的な方法には，ホームページ上のアンケート，電子会議室，電子掲示板，メーリング・リスト，電子メール等が挙げられていた。このアンケートは，主に利用者や住民のニーズを把握する目的で行う予定の自治体が多く，また，電子メールを用いた方法の具体的な目的には，「総合開発計画に係る意見聴取」や「市

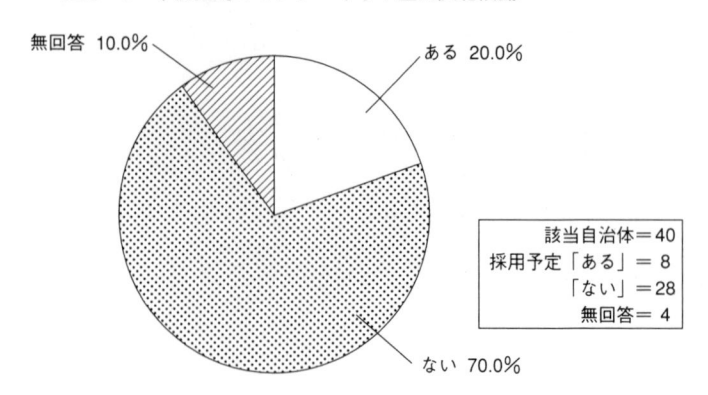

図2-9　今後採用のインターネット上の広聴活動

```
該当自治体＝40
採用予定「ある」＝ 8
　　　　「ない」＝28
無回答＝ 4
```

政への提言」と答えた自治体が見られた。これらは，正しく行政参加ひいては政策過程への参加を志向する回答である。その意味では先の筆者の期待が楽天的な発想のレベルに止まっていないことが理解されよう。

　新しく広聴活動の具体的な方法を採用する予定の「ある」自治体が，全体の20％程度に止まっている現状は，内容面の多様化，充実度が問われている第2段階の自治体インターネットにとってはやや少なめの数字という印象を受けはする。ただこの採用予定の「ある」自治体の中に，その具体的な目的として，「総合開発計画に係る意見聴取」といった政策形成過程への住民参加をも視野に入れているところもあったことは，県内においても住民参加手段としての活用を意識する自治体が今後増えていくのではないかと期待を持たせる。

(2)-2-4．受け手に対して

　次に，インターネットを活用した自治体広報活動を行うにあたっての，「目的とする受け手の方向性」についていくつか訊ねてみた。

a. 主たる目的とする受け手の対象地域

　まず「主たる目的とする受け手の対象地域」をどこに置いているかという設問に答えてもらったところ［複数回答］，「1. 当該自治体」が19自治体，「2. 岩手県民」が14自治体，「3. 東北地方」10自治体，「4. 日本全国」36自治体，「5. 外国」3自治体という結果が得られた（図2-10）。また，挙げてもらった回答

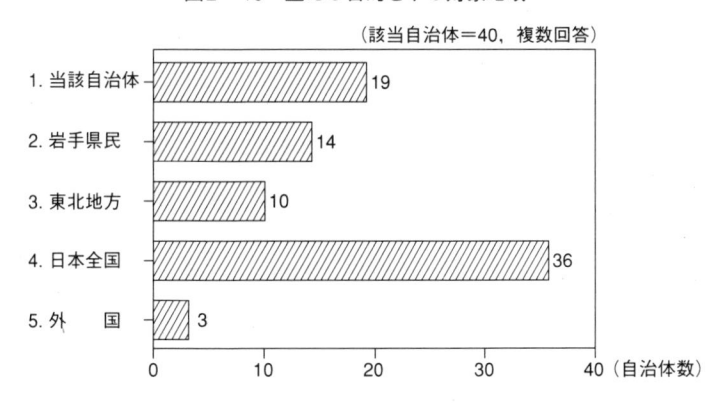

図2−10　主たる目的とする対象地域

（該当自治体＝40，複数回答）

項目	自治体数
1. 当該自治体	19
2. 岩手県民	14
3. 東北地方	10
4. 日本全国	36
5. 外国	3

の「一番優先する地域」としては，「日本全国」を24もの自治体が挙げ際立っていた。以下「当該自治体」7自治体，「岩手県民」6自治体，「東北」1自治体，「外国」0，無回答2という結果であった。

「日本全国」を対象とする自治体が9割，また，「一番優先するという地域」に挙げる自治体が6割あることから，ひとまず大方の自治体インターネットは全国規模を視野に運営されていると理解してよいだろう。しかし，本来「一番優先するという地域」の1位には，やはり第1章から述べているように，「当該住民」であるのが求められるところである。

b. 本来理想的な内容構成のバランス

次に，主たる対象地域として「1. 当該自治体」を含んで回答した自治体（19自治体）には，現状の内容比率は別にして，「本来理想的な内容構成のバランス」はいかにあるべきかを訊ねてみた（図2−11）。「1. 当該地域外向けのみ」という回答は0，「2. 当該地域外向けの内容が圧倒的に多いこと」と答えた自治体は3自治体，「3. 当該地域外向けの内容がやや多い」と答えた自治体が6自治体，「4. 半々」と答えた自治体が5自治体，「5. 当該自治体住民向けのみ」と答えた自治体は0，「6. 当該自治体住民向けの内容が圧倒的に多いこと」と答えた自治体が2自治体，「7. 当該自治体住民向けの内容がやや多いこと」と答えた自治体が3自治体，「8. その他」を挙げた自治体は0という結果であった。回答は分散したが，なかで比較的多かった「当該地域外向けの内容がやや多い」ことを挙

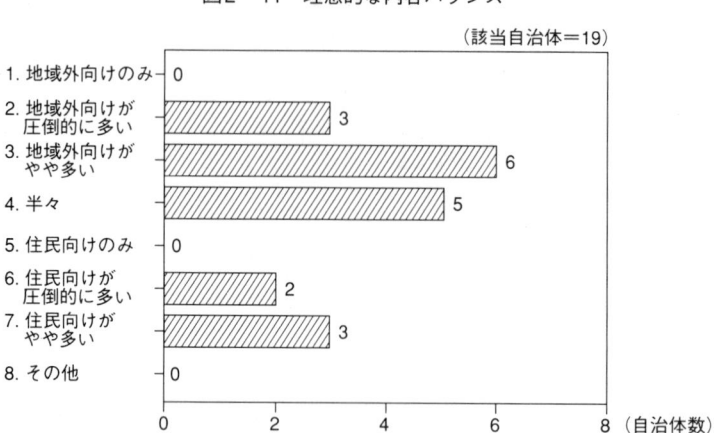

図2−11　理想的な内容バランス

(該当自治体＝19)

項目	自治体数
1. 地域外向けのみ	0
2. 地域外向けが圧倒的に多い	3
3. 地域外向けがやや多い	6
4. 半々	5
5. 住民向けのみ	0
6. 住民向けが圧倒的に多い	2
7. 住民向けがやや多い	3
8. その他	0

げた自治体の具体的理由としては,「地域内向けの情報は,広報紙等で全世帯に配布されるため」,「主目的が当自治体の全国に向けた情報発信のため」といった点が,また「半々」であることを挙げた自治体には,「全ての地域の皆さんに情報を届けたい」,「インターネットの媒体特性(メリット)を生かすため」といった点が指摘されていた。

c. 周知方法

次に第1回調査以降にホームページを開設した36自治体には,開設にあたって何らかの「周知方法」をとったかどうか聞いてみた。結果は,「1. 行った」自治体が28自治体,「2. 行っていない」自治体が8自治体であった。さらに何らかの周知を行っていた自治体に対しては,具体的な周知方法も訊ねたところ［複数回答］,「1. 検索エンジンへの登録」をした自治体が17自治体,「2. 他団体のホームページへのリンク依頼」をした自治体が14自治体,「3. 当該自治体住民への広報」をした自治体が24自治体,「4. 地域外への広報」をした自治体が3自治体,「5. その他」が5自治体という結果であった。この「その他」に挙げられていた具体的な方法とは,「ホームページの開所式」や「職員の名刺等に表示を記載」といったことなどである。また,この「3. 当該自治体住民への広報」の具体的な方法とは,ほとんどの自治体が「広報紙(誌)への掲載」を挙げていた。

周知を全く行っていない自治体が8自治体もあるのは,意外な結果であった。

第1章でも述べたが,既に膨大な数のホームページが存在する今日,周知を行わずにインターネット・ユーザーに見てもらえることは全くないとは言わないまでも,特に自治体サイトは商業サイトのように強力に見せる内容に乏しいだけに,まずは自ずから検索エンジンやリンクを依頼するなどして見てもらう努力をすべきであろう。それを行ってすら実際には足(目)を運んで見てくれる人は極めて少ないのが現状なのである。

d. 情報内容の更新

さらに,提供されている「情報内容の更新」に関しても訊ねてみた。「定期的に更新している」自治体が13自治体あり,「不定期」の自治体が26自治体,「その他」の自治体が1あった(図2-12)。この「その他」を挙げた自治体は,まだ開設後間もなく,今後の更新頻度の予定を記したものであった(月1回程度を予定)。定期的に更新している自治体については,その更新頻度も訊ねてみたところ,「30日に1回」のところが7自治体,「15日に1回」のところが3自治体,1日1回のところが2自治体,2日に1回のところが1自治体という内訳であった(図2-13)。

更新頻度は多ければ多いほど好ましいことは言うまでもない。常に新鮮な情報を提供することが,ユーザーをリピーターにする要因の1つとなる。膨大な事務量の中で毎日更新することの困難さは小さな自治体では察して余りあるが,絶えず新しい情報を提供していく努力は求めれられてしかるべきである。

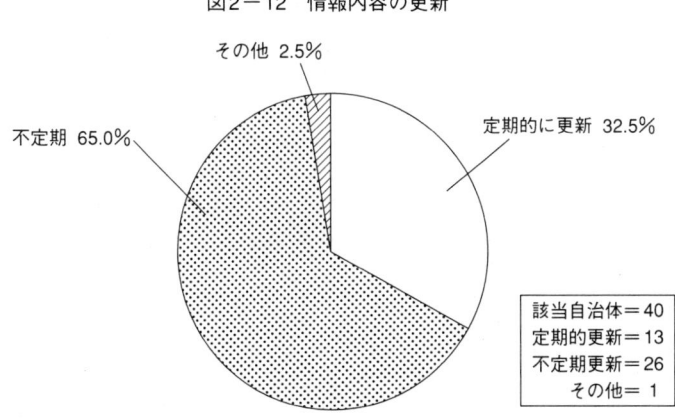

図2-12 情報内容の更新

その他 2.5%
不定期 65.0%
定期的に更新 32.5%

該当自治体=40
定期的更新=13
不定期更新=26
その他= 1

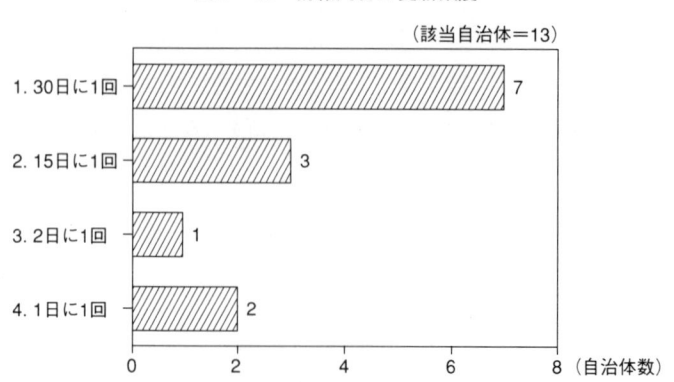

図2-13 情報内容の更新頻度

(該当自治体=13)

- 1. 30日に1回 — 7
- 2. 15日に1回 — 3
- 3. 2日に1回 — 1
- 4. 1日に1回 — 2

(自治体数)

(2)-2-5. 広報活動の評価

最後の設問のカテゴリーは,「インターネットを使った自治体広報活動の評価」に関する事柄である。

a. ホームページ開設の評価

まず現時点において,「ホームページを開設したことについてどのような評価を下しているのか」聞いてみた。その結果,「1.とても満足」と答えた自治体は4自治体,「2.やや満足」と答えた自治体は15自治体,「普通」と答えた自治体は15自治体,「4.やや不満」と答えた自治体が4自治体,「5.全く不満」と答えた自治体が1自治体, 無回答が1であった(図2-14)。

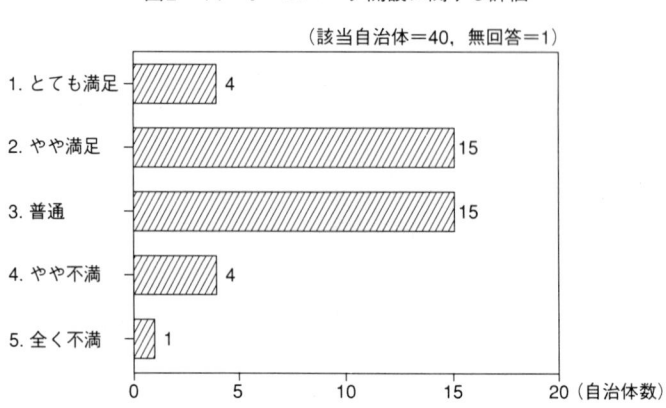

図2-14 ホームページ開設に関する評価

(該当自治体=40, 無回答=1)

- 1. とても満足 — 4
- 2. やや満足 — 15
- 3. 普通 — 15
- 4. やや不満 — 4
- 5. 全く不満 — 1

(自治体数)

b. 他の広報活動（狭義の広報，広聴を含む）手段と比較しての評価

次に，「他の広報活動（狭義の広報，広聴を含む）手段と比較しての評価」についても訊ねてみた。「1. 比較して機能的価値がとても高い」と答えた自治体が4自治体，「2. 比較して機能的価値はやや高い」と答えた自治体が16自治体，「3. 同程度」と答えた自治体が5自治体，「4. 比較して機能的価値がやや低い」と答えた自治体が9自治体，「5. 比較して機能的価値はとても低い」と答えた自治体は1自治体，そして「無回答」の自治体は5自治体という結果であった（図2－15）。

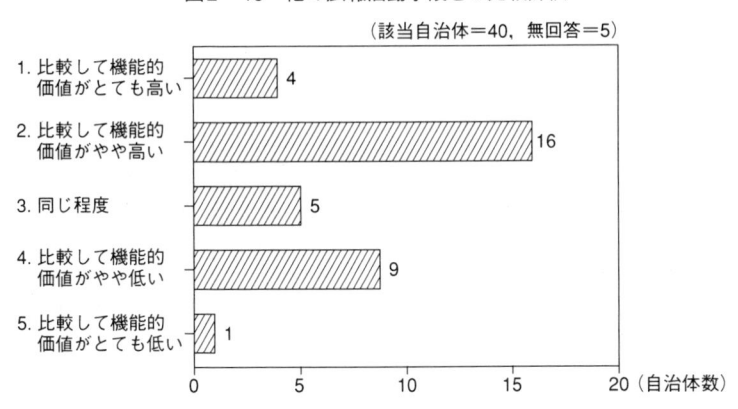

図2－15　他の広報活動手段との比較評価

（該当自治体＝40，無回答＝5）

項目	自治体数
1. 比較して機能的価値がとても高い	4
2. 比較して機能的価値がやや高い	16
3. 同じ程度	5
4. 比較して機能的価値がやや低い	9
5. 比較して機能的価値がとても低い	1

この2つの設問結果を見ると，ホームページ開設に関しては開設自治体の85％にあたる34自治体が中以上の高い評価を下しているものの，他の広報活動の手段との比較となると，25自治体（62.5％）とそれより比率が低くなる。これは，その効果を期待して開設はしてみたものの，現時点では期待はずれと評価している自治体が一定割合存在することを意味しているものと受け取ってよい。ただ実際に観察調査をして気がつくことは，自治体側が十分にインターネットの活用を行いきれていない点が多く見受けられることである。この点については，活用方法を様々に模索していくことが求められる。

c. インターネットを使った自治体広報活動は，今後一般化していくと思うか

さらに「インターネットを使った自治体広報活動は，今後一般化していくと思うか」という質問を回答を寄せた全開設40自治体にしてみた。結果は，「1. 思

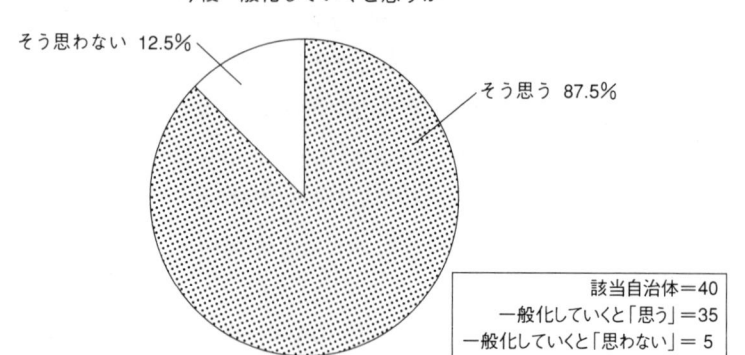

図2-16 インターネットを使った自治体広報活動は，今後一般化していくと思うか

そう思わない 12.5%
そう思う 87.5%

該当自治体＝40
一般化していくと「思う」＝35
一般化していくと「思わない」＝ 5

う」と答えた自治体が35自治体，「2．思わない」と答えた自治体が5自治体であった（図2-16）。この「今後一般化していくとは思わない理由」については，自由に意見を募ったところ，「インターネットの普及進度が遅い」といった意見や「町村の多くは専門職員を配置し難い」といった意見が得られた。

e．今後の課題

設問の最後に，当該自治体のインターネットを使った自治体広報活動の今後の課題は何かについて，自由に記入してもらった。挙げられた課題としては，「提供情報の充実」，「定期的な更新（かつその周期の短縮）」，「接続環境の整備，インターネットの普及」，「住民が知りたい情報をいかに早く提供するか」等の事柄が多くを占めた。ソフトとハード両面にわたる現在の課題が，率直に表現されている。

(2)-3．未開設自治体のアンケート調査結果

次に，調査実施時点で未開設であった自治体について，その結果を見ていくことにする。アンケート調査で回答を得た56自治体中，未開設の自治体は16自治体で，これは回答自治体の約3割（28.6％）にあたる（図2-1）。因みに，筆者が調査した限りで無回答自治体で未開設の自治体は1自治体認められるので，実際には60自治体中17自治体すなわち28.3％が未開設となる。どちらにせよ約3割が未開設であることに変化はない。

a. 開設予定

　まず最初に未開設の自治体に対して今後のホームページ開設予定を聞いたところ，「ある」が7自治体，「検討中」が6自治体，「ない」が3自治体という結果が得られた。未開設自治体の4割強（43.8％）が既に具体的な開設予定を持っており（表2－3，図2－17），さらに「検討中」が4割弱（37.5％）あることを考えると，現在未開設の自治体にあってもその8割もの自治体が，実際にはホームページ開設に関して既に動いているかもしくは動き始めているといった状況にある。

表2－3　開設予定のある自治体（7自治体）

（98年7月5日現在）

自治体名	開始予定時期
水沢市	平成10年8月中旬
千厩町	平成11年2月
釜石市	平成10年8月1日
宮古市	平成10年中
田老町	平成10年度中
田野畑村	平成10年度中
浄法寺町	平成10年度中

図2－17　未開設自治体の開設予定

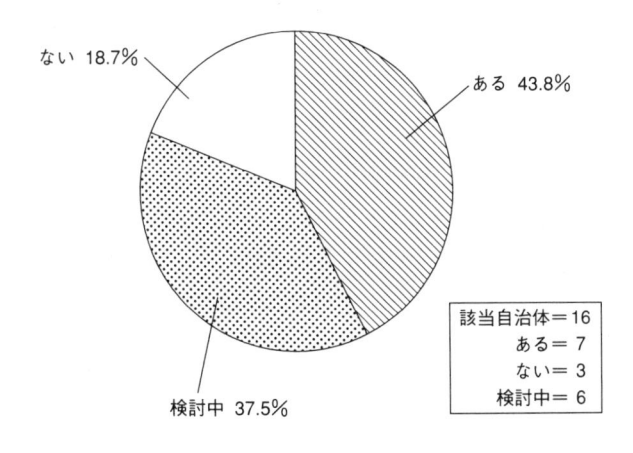

ない 18.7％
ある 43.8％
検討中 37.5％

該当自治体＝16
ある＝7
ない＝3
検討中＝6

b. 開設しない理由

次に，開設予定がない3自治体に対してはその理由を問うたところ（[複数回答]），「その方面に明るい人材がいない」が2自治体，「予算的問題」が1自治体，「無回答」が1自治体という結果になった。双方の理由を挙げる自治体もあった。

c. 広聴活動のツールとしてのインターネット活用

そして，今度は現在ホームページを開設してはいないが，既に広聴活動のツールとして電子メールを使用しているかどうかについても聞いてみた。結果は，「使用していない」が13自治体，「無回答」が3自治体で，明確に使用していると答えた自治体は見当たらなかった。ホームページを開設しなくとも，手紙や電話，ファックス同様1つの広報ツールとして電子メールを活用することなどは，今後検討されてよいはずだ。

d. インターネットを使った自治体広報活動の今後

さらに「インターネットを使った自治体広報活動は，今後一般化していくと思われますか」という問いには，16自治体中15自治体が「思う」と回答し，「思わない」と答えた自治体は1自治体であった。この今後一般化していくとは「思わない」自治体の理由としては，「広報活動の範囲が限られているため」という点を挙げていた。

この結果を見る限りでは，現在は未開設であってもそのほとんどの自治体が今後一般化していくだろうという点では，その予測は一致していることになる。そして，開設予定が「ない」と答えた3自治体にあっても，うち2自治体までは今後一般化していくだろうと認識していること，さらにこの今後一般化していくと「思う」比率が，開設自治体（87.5％）よりも未開設自治体の方が高い（93.8％）ことは，いかなる理由かは定かではないものの興味深い結果と言える。

e. インターネットを使った自治体広報活動についての意見

最後にインターネットを活用した自治体広報活動について，自由に意見を求めた。そのうち1つの自治体の意見は，中小自治体のインターネット活用を考える上でとても考えさせるものであった。ここで論旨を変えない範囲で一部要約して掲げておきたい（なおアンケート調査の性格上，自治体名は明らかにしな

い)。

> インターネットを使った自治体広報活動は一般化していくだろうが，当自治体のようにコンピュータの普及が低いと思われる自治体で，対住民といった面での広報手段として適当なのか疑問がある。特に高齢化が進んでいる地域では住民参加の手段としては有効とは思うが，住民側の体制整備が必要では。従って，現時点では観光等のPRの手法くらいしか思いつかないし，又それ故に行政のホームページは魅力がないのではないか。自ら「行政」という足枷をつけてしまうのが，その一因とも思われるがどうであろうか。

というものである。この意見には，繰り返しになるが第1章でも述べた「過疎・高齢化」を抱える「地方」所在の自治体の悩める声が，率直に言い表されている。自治体情報化や地域情報化が高齢者や障害を抱える人々の住民参加の一助（デジタル・オポチュニティ）となることは確かである。

しかし，一方では普及体制の整備（インフラ），さらには情報リテラシーの問題等越えなければならないハードル（課題）が数多く存在することもまた事実である。このハードルをいかにして縮めていくのかという点で[17]，多くの自治体は困難に直面しているのである。それを過渡的な問題と片づけるとしたら，あまりにも楽観視しすぎというものであろう。住民への行政サービスという点から考えると，情報化の進展が即住民のニーズを満たすことには直結しないことは，よく理解しておかなければならない。

4．岩手県内自治体の現状(2)
～ホームページの観察調査の結果より

ここでは，実際に県内各自治体のホームページの内容を検討することによって，その現状を明らかにする。

(1) ホームページの内容構成

表2－4は，1998年7月11日から15日にかけて，県内各自治体のホームペー

表2－4　ホームページの内容構成（1998年7月11日〜15日にかけて調査）

		広報活動領域														広聴活動領域		
地区	No. 市町村	1	2	3	4	5	6	7	8	9	10	11	12	13	14	15	16	17

列項目：
1. 自治体の概略（人口・地理・面積等）
2. 行政情報①（住民向けお知らせ）
3. 行政情報②（公開・透明性確保）
4. 統計・データ情報
5. 事業計画情報
6. 広報紙（誌）掲載
7. 郷土情報（文化・伝統・芸能）
8. 観光情報（交通・宿泊・観光地）
9. 特産品情報
10. イベント情報
11. 企業誘致・工業団地案内
12. 求人情報（U・Jターン）
13. リンク
14. 外国語による情報提供
15. 自治体行政全般への意見・要望聴取
16. ホームページに対する意見・要望聴取
17. お便り・伝言板等の書き込み欄

岩手・紫波地区
1. 岩手県
2. 盛岡市
3. 葛巻町
4. 岩手町
5. 西根町
6. 松尾村
7. 玉山村
8. 滝沢村
9. 雫石町

稗和・胆江地区
10. 大迫町
11. 石鳥谷町
12. 花巻市
13. 北上市
14. 沢内村
15. 湯田町
16. 金ヶ崎町
17. 江刺市
18. 胆沢町
19. 前沢町

両磐・気仙地区
20. 一関市
21. 花泉町
22. 大東町
23. 住田町
24. 陸前高田市
25. 大船渡市
26. 三陸町

上・下閉伊地区
27. 遠野市
28. 大槌町
29. 山田町
30. 新里村
31. 川井村
32. 岩泉町
33. 普代村

九戸・二戸地区
34. 久慈市
35. 野田村
36. 山形村
37. 種市町
38. 大野村
39. 軽米町
40. 九戸村
41. 二戸市
42. 一戸町
43. 安代町

合計：34, 21, 1, 15, 5, 16, 31, 42, 37, 40, 17, 4, 32, 11, 7, 28, 9

ジを実際に観察することによって確認したその含まれる内容一覧である[18]。この内容一覧は，これまでアンケート調査の結果から見いだしてきた県内自治体の現状認識を，改めて実証的に裏付ける結果となっている。その特に顕著な点は，以下の3点である。

まず第1点は，「観光情報」(42自治体，97.7％)，「イベント情報」(40自治体，93％)，「特産品紹介」(37自治体，86％)といった「まちおこし，地域活性化」を目的とした地域外向けの内容項目が，他を圧倒して上位3項目を占めていることである。続く「自治体の概略」(34自治体，79.1％)，「郷土情報（文化・伝統・芸能）」(31自治体，72.1％)といった4番目，5番目の項目も，いずれも地域外向けの内容となっている（なお「リンク」については，その性格上ランク付けから外した）。

第2点は，当該住民向けの情報内容が，極めて少ないことである。この内容項目の中で明確に当該住民に向けて行われる項目は，広報活動領域では，「行政情報①（住民向けお知らせ）」，「行政情報②（公開・透明性確保）」，「事業計画情報」，「広報紙(誌)掲載」で，広聴活動領域では，「自治体行政全般への意見・要望聴取」といった項目であるが，県内自治体の半数以上が揃って掲載している項目はこれらの中には1つも見当たらない。つまり，現段階では県内自治体の大勢は，当該住民を対象として強く認識するまでには至っていないことを示している。

第3点は，内容項目全体に占める広聴活動領域の項目の少なさが目立つこと（逆に言えば広報活動領域の偏重）と，またその活動自体が低調なことである。先述したところだが，この結果を見る限り，端的に県内自治体のインターネットを活用した広聴活動はまだこれからの段階と言えよう。

ただし，この内容一覧だけから判断すると，「ホームページに対する意見・要望聴取」の項目が28自治体とやや多く感じられるかもしれない。しかし，これは，感想・問い合わせのメール・アドレスさえ付していれば全て充当するものとして扱ったためで，かなり甘い数字と判断した方がよい。ユーザーの側からすれば，ただメール・アドレスだけ付してあっても，それだけでは意見・要望を送るインセンティブは非常に弱いと言わざるを得まい。従って，それだけで広聴活動

と呼べるものかは疑わしい。実際この中で電子掲示板やアンケート等のメール・フォームといった形で用意している自治体となると，極めて少ない[19]。

以上指摘した点は，いずれもアンケート調査の結果からある程度予測されたことではあるが，観察調査によってここまで明確にその傾向が裏付けられる結果となった。今一度アンケート調査の結果と，この実際の閲覧結果を照らし合わせると分かるはずである。

この他気づいた点を挙げておくと，1つは「企業誘致・工業団地案内」といった項目が，予期しないほど相当数の自治体で情報提供されていることである。これもまた，「まちおこし，地域活性化」を目的とする項目に他ならないが，これなどは都市部の自治体ではまず見られない項目でこの相違は興味深い。

2つめに，自治体のホームページがかなり軽くなり，トップ画面が完了するまでにそれほど時間を要さなくなったことである。以前はホームページに画像や凝った作りを配し，非常に重く時間がかかったものであった。自治体側が，ユーザー側の実用性に配慮し出した結果であろう（実際には自治体がというよりも，制作代行会社がということだろうが）。この点アメリカの自治体のホームページが，テキスト・ファイル主体であることは周知の通りである[20]。

(2) 岩手県のホームページ

県内自治体のホームページの内容については見てきた通りであるが，ここで改めて注目しておきたいのが，岩手県のホームページである。県のホームページについては，第1章でも取り上げたところであるが，本章では比較の観点からも再度取り上げる。

1996年(平成8年)当時と比較してハード，ソフトの両面で，大きな変化が見られる。ここでいうハード面とは閲覧のための利便性と考えて構わないが，この点での変化として挙げられるのは，先にも指摘した画面が非常に軽くなり見やすくなったことである。また，目的とする情報へのアクセスが以前に比べ格段にしやすくなっている。この点については，先頃ホームページ内の検索機能が付加されることによって，さらに利便性が向上した[21]。

一方ソフト面では，ハード面を凌駕する変化が見られる。まずその提供情報

の量的な増加が挙げられる。参考までに96年当時と現在の提供情報を図2－18として掲げておくが（実際の情報は，この表の項目以下にさらに深く細分化され相当量提供されている。），これでは分かり難いかもしれないが，遥かに豊富で多岐に渡る情報が提供されるようになった。

次に本章の関心からは特に指摘しておきたい点であるが，第2項(2)の「自治体におけるインターネットの活用動向」のところで触れたいわゆる「行政情報の公開・提供手段としてのインターネットの活用」が，県内自治体では唯一行われていることである。具体的には，「食糧費等の執行状況」，「知事交際費執行状況」，「情報公開のページ」，「記者会見」といった項目がそれにあたる。

「食糧費等の執行状況」では，旅費と食糧費について各部局の総括表と課別の支出表によりその執行状況の概略が月単位で明らかにされ，「知事交際費執行状況」では，知事と副知事について項目別の支出状況が同じく月単位で明らかにされている。

また「情報公開のページ」では，岩手県公文書公開審査会の議事録が掲載され，現在県が進めている公文書公開条例の見直しに関して，審議会の検討過程が明らかにされている。また，電子メール（およびファックス）で，この条例の改正や情報公開に関する意見や提言も求めている。残る「記者会見」の項目は，これまで一般の目に触れることがなかった知事の記者会見記録が資料と共に提供されている。

これらの中でも特に上から3番目までの試みは，いずれも食糧費等の不正支出の問題が明らかになったことから，県民の信用回復，行政過程の透明化を図る方策の1つとしてインターネットが活用されるようになったものと理解される。岩手県のインターネットを活用した情報公開・提供度は，筆者が行った第4章の都道府県アンケート調査の結果を見る限りでは，全国でトップレベルに位置していることが明らかにされた。個々について例えば，公開範囲の拡大や情報提供の方法等まだ改善の余地がかなりあるのは確かだが，現時点でここまで踏み込んだ県の活用姿勢は評価できよう。

この他行政透明化に関連する項目として付け加えておきたい項目は，「広聴のホームページ」である。これは，フィードバック機能として県民等からの意見を

広く集めるもので，一部については県側のその後の対応結果も掲載されている。

最後に今後の課題として1つだけ指摘しておくならば，行政情報のさらなる公開・提供の充実と共に，それと連動した住民の行政参加手段としてのインターネットの活用が求められる。まずは，先の「広聴のホームページ」がフィードバックの機能に止まらず，より主体的なツーウェイ・コミュニケーションの「場」として機能していくことがその第一歩と言えよう。

図2－18　岩手県の内容構成

（1996年9月1日現在）

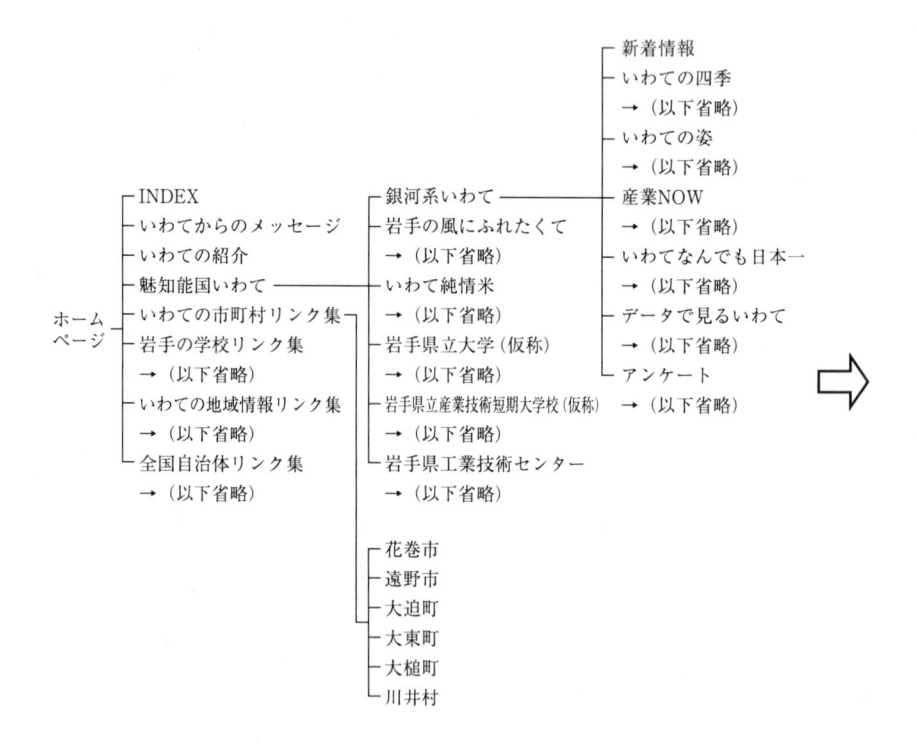

```
ホーム     ┬ INDEX
ページ     ├ いわてからのメッセージ
          ├ いわての紹介
          ├ 魅知能国いわて ──────┬ 銀河系いわて ─────┬ 新着情報
          ├ いわての市町村リンク集 │ ├ 岩手の風にふれたくて │ ├ いわての四季
          ├ 岩手の学校リンク集    │ │  → （以下省略）   │ │   → （以下省略）
          │  → （以下省略）      │ ├ いわて純情米        │ ├ いわての姿
          ├ いわての地域情報リンク集│ │  → （以下省略）   │ │   → （以下省略）
          │  → （以下省略）      │ ├ 岩手県立大学（仮称） │ ├ 産業NOW
          └ 全国自治体リンク集    │ │  → （以下省略）   │ │   → （以下省略）
             → （以下省略）      │ ├ 岩手県立産業技術短期大学校（仮称）├ いわてなんでも日本一
                                │ │  → （以下省略）   │ │   → （以下省略）
                                │ └ 岩手県工業技術センター├ データで見るいわて
                                │    → （以下省略）   │    → （以下省略）
                                │                    └ アンケート
                                │                         → （以下省略）  ⇒
                                ├ 花巻市
                                ├ 遠野市
                                ├ 大迫町
                                ├ 大東町
                                ├ 大槌町
                                └ 川井村
```

(3) その他の自治体

　この他今回の観察調査で気になった自治体のホームページを2つほど挙げておく。

　1つは，江刺市のホームページである。江刺市のそれは，これまでの論述からすると，まさに「まちおこし，地域活性化」を中心としたホームページであり，当該住民を対象とした内容にはなっていない。

(1998年7月3日現在)

岩手県情報スクエア（ホームページ・タイトル）

◎インデックス
　・最新情報
　・記者会見　　　　・県政への提言　　・新しい総合計画　　・食糧費等の執行状況
　・知事交際費執行状況・統計情報　　　・市町村概要　　　　・各種計画概要
　・リンク申込　　　・県内情報リンク集・岩手県関連TEL

　・岩手電子マガジン　I-MAGAZINE
　・情報交換ページ　I-FORUM
　・県外広報誌　IPANGU

◎岩手県のホームページ
　・岩手の観光情報　　　　　　・情報科学課　　　　　　　・銀河系いわて
　・いわて純情米　　　　　　　・いわて牛　　　　　　　　・いわての産業立地環境
　・純情大地いわて　　　　　　・岩手県の水産　　　　　　・岩手県立大学
　・岩手県立産業技術短期大学校・岩手県工業技術センター　・岩手県林業技術センター
　・岩手県水産技術センター　　・宮古短期大学ホームページ・岩手県立生物工学研究所
　・知事発言CLICKページ　　　・西暦2000年世界地熱大会　・岩手の自然保護を考えよう
　・森林・林業関係の情報　　　・盛岡地方振興局土木部　　・話そう年金
　・岩手県職員警察官採用試験情報・保健医療・福祉のページ・銀河系いわてブランド
　・情報公開のページ　　　　　・介護保険制度についてのページ・建設振興課のページ
　・全国マルチメディア祭'98in いわて・企業局紹介ページ　・岩手県農業研究センターの
　・北上農業改良普及センターのホームページ　　　　　　　　ホームページ
　・いわてマルチメディアセンター

・地方振興局のページ　岩手県の12振興局のホームページアドレス
・各市町村のページへ　岩手県内の各市町村のホームページアドレス
・アンケートのお願い

(県のホームページ簡易インデックスに見られる項目)

しかし，敢えて筆者がこの江刺市のホームページを取り上げる理由は，それが「まちおこし，地域活性化」なかでも「特産品の販売」に特化した作りが目を惹き，明らかに他の自治体のホームページとの差別化がなされ，かつ成功しているように思われるからである。もちろん，この地域外向けの情報発信と並行して当該住民向けの内容の充実が望まれるが，このような明確な目的に基づいた「まちおこし，地域活性化」のための地域情報発信は，大いに行われるべきだと考える。その意味において筆者は，「まちづくり，地域活性化」のための情報発信を全て否定しているのでは決してない。確固たる戦略的な意図のあるなしを，そこに問おうとしているのである。

もう1つは，軽米町のホームページである。軽米町のそれでは，県内では他に例を見ない「サイバー町民」制度を設けている。この制度は全国に向けて「サイバー町民」を募集し，まちおこし他様々な意見を自治体行政に取り入れようとするものである。「まちおこし，地域活性化」の発想としては，非常にユニークで興味深い試みである。

ただ残念なのは制度発足後しばらく経つものの，具体的な活用実績がまだないことである。制度自体の活性化が，切に望まれる。この点全国の先行事例を参考に，制度を充実させていくのも1つの方法ではないかと思われる。例えば，埼玉県宮代町などでは，町のニュースを週1回程度定期的に電子メールで「サイバー町民」に送り届け，絶えず町への関心を促すことで密接な繋がりを保とうと努力している。このような成功している先行事例は，積極的に取り入れるべきであろう。当該住民からは思いつかないアイデアが，遠く離れた「サイバー住民」から送り届けられるかもしれない。観光や特産品情報の発信だけでなく，このような形の地域情報の有機的な受発信（ツーウェイ・コミュニケーション）が育つことを望む。

5．第2回調査における活用課題

以上岩手県内自治体のインターネットを活用した広報活動について，主にア

ンケート調査と観察調査の結果に拠りながら検討を加えてきた。最後にこれらの結果を基にこの第2章の時点で課題と思われる点をいくつか指摘しておく。

　第1回調査と比較して県内自治体の開設数は飛躍的に増加した。そういった意味では，既に住民側においても開設自体の新鮮味は失せかけているものと思われる。今後は開設という1つのイベントへの関心から，ホームページの内容自体が問われ始めてくると言ってよい。しかし，一方で第1章の最後で指摘した「活用課題」[22]（うち2つは内容に関わる点）のいずれもが，本時点でもそのまま概ねあてはまっていることもまた事実である。

　そこでは，「行政情報の公開・提供」，「新たな行政参加のチャンネル」，「インターネット活用の条件」を今後の課題として指摘したが，どの課題も未だ克服したとは言い難い。なかには岩手県のように，「行政情報の公開・提供」という点では目覚ましく進展した自治体もあるが，その他の自治体ではほとんど試みは見られない。「新しい行政参加のチャンネル」に至っては，広聴活動としての活用自体がまだこれからの段階であり，全国のいくつかの先進自治体で行われているような政策形成過程への住民参加を目的とする活用（岩手県には部分的に見られるが）は皆無といってよい。

　また，「インターネット活用の条件」についても，アンケート調査で多数の自治体が挙げていたように，実際には思ったようにその普及が進んでいないのが現状である。

　「まちおこし，地域活性化」のための地域情報発信を目的として開設した自治体の中には，そもそも上記の前者2つのような手段（「行政情報の公開・提供」，「新しい行政参加のチャンネル」）を目的として開設しているわけではなく，その点を指摘されても困るという自治体もあるに違いない。

　しかし，だからといって地域外向けの情報発信だけで済ませてよいとは筆者には到底思われない。新しいメディアとしてのインターネットが広報活動のツールとして機能し得るのであれば，そして，コスト的にも当該住民向けを付加することがさほど変わらないのであれば，それを当該住民向けにも活用しない理由はないはずである。インターネットが広報活動のツールとして決して万能であるとは思わないが，既存のツールに加える程度の価値はあると考えている。県内自治

体においては，まず手始めとして（狭義の）広報活動領域では広報紙（誌）といった紙媒体に加えることから，また広聴活動領域では電話やファックスなどのツールに加えることから，当該住民向けのインターネット活用を望みたい。

　今回の調査結果から筆者が危惧していることは，現行のままの地域外向けの情報発信だけではそれほど効果が生まれるとは思われないことから，十分な活用法を講じることなく効果が表れないことを理由に，今後ホームページを閉じる自治体が出てはこないかという点である。これでは，単なるブーム（1980年代の「ニュー・メディアの時代」のように。終章参照）で終わってしまうことになりかねない。そうならないためにも，既に開設している自治体にあっては，十分にその活用法を講じるべきである。この点は，最終的にはインターネットの活用云々というよりは，自治体の住民に対する姿勢に関わる問題に他ならない。

　以上の点から，第2回調査結果では，改めて第1章における「活用課題」が，引き続き課題として浮き彫りにされたことが明らかになった。

【注】
1）具体的には，以下のようなものがある。自治省「地方公共団体におけるインターネットの利用に関する調査結果（概要）について」平成8年5月実施（http://www.mha.go.jp/news/960625.html），（財）地方自治情報センター「地方公共団体におけるインターネットの利用についてのアンケート結果」平成8年10～12月実施（http://www.lasdec.nippon-net.ne.jp/ankeeto/anketo.htm），国土庁（日本総合研究所受託）「地方自治体におけるインターネットの取り組み状況調査」平成8年11月実施（http://www.park.or.jp/intercom/nla/contents/rdb04_03.html），自治省「地方公共団体における地域情報化施策に関する調査結果の概要」平成9年4月実施（http://www.mha.go.jp/news/980326.html），郵政省編『平成10年版通信白書』大蔵省印刷局，1998年，73頁など。また，国関係ではないが，野村総合研究所と慶応義塾大学によるNRIサイバー都市ケースバンク（http://www.ccci.or.jp/city-cb/）では，自治体ホームページに関する網羅的な統計資料を閲覧できる。ただし，このサイトは一定の役割を終えたとして，98年7月1日をもってその更新を休止した。
2）NIPPON-Netのホームページ・アドレスは，次の通り。第1回調査時からアドレスが変更されている。（http://www.nippon-net.ne.jp/index.html）
3）日経産業消費研究所編『加速する地域の情報化——2117自治体の情報化度とホームページ（全国都道府県・市区町村調査）』日本経済新聞社・日経産業消費研究所，1998年。同じ内容はまた，日経産業消費研究所（浅田和幸・堀田東洋）「全国調査　多様化する

自治体のホームページ」『日経地域情報』No.289, 日本経済新聞社・日経産業消費研究所, 1998年2月16日号, 2~60頁, においても見ることができる。さらに部分的な概要は,「リサーチ＆ランキング」日本経済新聞, 1998年2月15日付朝刊にも掲載されている。
4）日経産業消費研究所編『前掲書』, 24頁。
5）それは, 次の理由による。前者の調査結果については, 第1章でも述べたように, 同じ自治体でも複数開設していればそれぞれをカウントしていること。また, NIPPON-Netに登録していないが, 実際には開設している自治体も存在することなど。また, 後者の日経産業消費研究所の調査結果については, アンケート調査に回答した自治体に関する数字であることなど。因みにこの調査では, 都道府県は全部, 市区町村は2,070自治体（3,255自治体中）が回答し, 回答率は63.6％ということであった（日経産業消費研究所編『前掲書』, 24頁）。
6）注(1)の各調査結果を参照。
7）日経産業消費研究所編『前掲書』, 26, 27頁。なお同書中に挙げた項目の具体的な自治体数は複数回答で, 1位「観光案内」が915, 2位「郷土（地理・歴史・人口など）紹介」が884, 3位「祭り・催し物などイベント案内」が848, そして, 4位「県民便りのような行政情報」が363等となっている。
8）足立英一郎「自治体インターネット利用の課題と展望」『都市問題』第89巻第3号, 1998年3月号, 32頁。
9）大和市の事例について詳しくは, 次の文献を参照のこと。大和市インターネット活用研究会『大和市インターネット活用戦略計画～情報の蓄積と参加を目指して～』1997年5月（これは, 以下のアドレスから入手できる。(http://www.city.yamato.kanagawa.jp/INKEN/YTMP-P.html)), 小林隆「インターネットを利用した都市計画の試み――大和市の市民参加事例を中心に――」『季刊自治体学研究』第70号, 1996年秋号, 同「住民参加による都市マスタープランの策定とインターネットの役割」『住宅』第46巻7号, 1997年7月号, 同「自治体の政策形成過程におけるインターネットの有効利用」『都市問題』, 前掲号。
10）鎌倉市については, 鎌倉市都市マスタープランのホームページ (http://www.city.kamakura.kanagawa.jp/info/plan/masterplan/masterplan.html) および同懇話会のホームページ (http://up.t.u-tokyo.ac.jp/kamakura/danwa/danwa.pl), 藤沢市については, 電縁都市ふじさわホームページ (http://www.city.fujisawa.kanagawa.jp/~denshi/OCNman/fujisawa.htm), および金子郁容「地方コミュニティのサイバー・ガバナンスの可能性」『地域政策研究』第6号, 地方自治研究機構, 1999年3月号等を, 東京都知事の私的諮問機関「生活都市東京を考える会」については, そのホームページ (http://www.tokyoteleport.co.jp/tokyoplan/) および, この電子ネットワークのプロジェクトに実際に関わった者たちによる調査報告, 橋本岳, 安藤伸彌, 金子郁容「電子ネットワークを利用した政策形成の実

験――『生活都市東京を考える会』電子プロジェクト報告――」『都市問題』第88巻第7号，1997年7月号を参照。併せて，東京都の前段階の試みとして臨海副都心開発懇談会を事例検討した，清原慶子「自治体行政への住民参加の推進に果たす情報公開の意義――東京都臨海副都心開発懇談会の事例から――」『法学研究』第69巻12号，「住民参加と情報公開」前田壽一編『メディアと公共政策』芦書房，1999年および，その双方を扱った同「2つの懇談会が示した住民参加と情報公開の関連性――『臨海副都心開発懇談会』と『生活都市東京を考える会の事例から』」『住民と自治』第404号，自治体研究社，1996年12月号も参照のこと。

11）食糧費等の執行状況に関する具体的事例としては，参考までに以下を参照。高知県（http://www.pref.kochi.jp/~zaisei/shoku/bunsho.htm），福岡県（http://www.pref.fukuoka.jp/info/c0290101.htm），三重県（http://www.pref.mie.jp/SISHUTU/index.htm），岩手県（http://sv01.office.pref.iwate.jp/syoku/）など。また，さらに広げた公開・提供の試みとして，岩手県の知事・副知事の交際費の執行状況も参照（http://www.pref.iwate.jp/~hp0101/kousai/）。

12）例えば，東京都のホームページ内の「審議会等の動き」を参照されたい。審議会に関する膨大な議事録などが閲覧可能である（http://www.metro.tokyo.jp/INET/KONDAN/KONDAN.HTM）。なお，その1つである東京都臨海副都心開発懇談会（この議事録も上記のアドレスで閲覧可能）の情報公開に関する報告については，清原慶子「前掲論文」『法学研究』第69巻12号，1996年，同「前掲論文」『住民と自治』404号，1996年を参照。

13）例えば，全国の地方議会に先駆けてホームページを開設した埼玉県議会では，定例会および各委員会の議事録を公開・提供している（http://www.pref.saitama.jp/~s-gikai/）。

なお，参考までに埼玉県議会のホームページに関する概要については，以下を参照。加藤俊江「インターネットによる議会情報の提供」『地方自治職員研修』第31巻7号，1998年，同「インターネットによる議会情報の提供」『月刊自治フォーラム』第456号，1997年。

14）特に同時期都道府県レベルにおけるインターネットを活用した自治体の行政過程の民主化（＝開かれた自治体）に関する検討については，第4章を参照。

15）これはアンケート調査プラス筆者が閲覧確認した数で，恐らく実際の開設数と見てよい。

16）因みに，第1章においては，NIPPON-Netに登録している東北6県の各自治体数も明らかにした。今回も前回同様に明らかにし比較すると，次のような結果になる（前回調査数→今回調査数）。青森県〔1→9〕，岩手県〔5→18〕，宮城県〔5→23〕，秋田県〔8→27〕，山形県〔6→17〕，福島県〔3→29〕といった具合で，東北の各県はいずれも少なくとも3倍以上の伸びが見られる。ただし，先程も述べたように，この数字はあくまでも登録されている数であり実際とは異なることに注意されたい（例えば，岩手県は実際には43自治体開設しているが，この数字だと18自治体となり大きく異なる。）。その意

味からはデータ的価値は低いと言わざるを得ないが，同じ条件下の数字であることを考えればある程度の傾向を見いだすことは可能であろう．

17）このハードルを縮める一例として，各世帯へのパソコン無料貸与で一躍全国的にその名を馳せた長野県山田村に学生たちが出向き，「パソコンお助け隊」となって手ほどきをする興味深い試みがある．詳しくは，そのホームページ「電脳村ふれあい祭」(http://www.yamadamura.net/index.html) を参照のこと．なお山田村の情報化に関しては，倉田勇雄『山田村の行進曲はインターネット』くまざさ社，1997年．この他，JDプロジェクト編『パソコンボランティア』日本評論社，1997年も参照．

18）この種のホームページの内容一覧について，既に岩手県に関しては，例えばNRIサイバー都市ケースバンクの統計情報欄でも閲覧可能であるが，これは自治体数，情報内容の項目，精度いずれをとっても全く不十分と言わざるを得ない代物で使いものにならなかった．従って，本章では筆者が独自の選択基準で，実際に全て目を通した上での調査結果を一覧にまとめた．その意味から，もしかすると他のデータや当の自治体と掲載内容に関する認識（つまり，うちはこういう項目は内容に入れているとか，あるいは入れていないとか）の相違が出てくることも想定される．それは，専ら独自の選択基準に由来するものである．

19）コミュニケーションの手段としてのホームページ活用法に触れた文献として，三井貴美子『コミュニケーション・ホームページを作ろう』すばる舎，1998年を参照．そこでは，電子掲示板（特にCGI）の作成方法等が分かりやすく説明されている．

20）実際に閲覧することをお勧めするが，この点に触れたものとして次の文献を紹介しておく．SICコンテンツ・テストベッド編『自治体職員のためのインターネット活用術』公職研，1997年．特に54，72，73頁を参照．

21）第2段階の自治体インターネットにおいては，このユーザーが必要とする情報をいかに簡便に引き出せるようにするかが1つの焦点になっているように思われる．この点は，中央省庁においても例外でなく，「行政情報の総合所在案内ホームページ案内（総合案内クリアリング・システム/クリアリング検索）」といった情報所在システムが近年稼働し始めた（ホームページ・アドレスは，http://www.clearing.admix.ne.jp/govc/）．なおこの点に関して，日本情報処理開発協会編『情報化白書1998年』コンピュータエイジ社，1998年，155頁，および稲葉清毅「電子政府と情報公開」『ジュリスト増刊〈新世紀の展望1〉変革期のメディア』，1997年，351，352頁を参照．

22）第1章34～37頁．

第3章
岩手県域自治体を対象とした第3回 (2000年) 調査

1. はじめに

　わが国社会におけるインターネットの普及，進展の勢いは現在においても依然衰えておらず，それどころかより一層加速の度合いを強める傾向が見られる。この点の端的な例として，インターネット利用者数を挙げることができる。『平成12年版通信白書』によれば，1999年 (平成11年) 末のインターネット利用者数は，2,706万人 (15～69歳) であった。1997年 (平成9年) に1,155万人，1998年 (平成10年) には1,694万人であったことからも，その急速な普及は明白である[1]。
　この傾向は，インターネットへの接続可能な携帯電話の普及に続いて，さらに同様の機能を備えた携帯端末 (PDA) の普及が見込まれていることからも，今後当分は続くものと思われる (因みにインターネットへの接続可能な携帯電話の場合，NTTdocomoのiモードだけに例をとっても，平成11年2月のサービス開始から平成12年8月6日までに，加入者は1,000万人を超えた)。
　このような動向の中で，インターネットを活用した自治体広報活動もこれま

で見てきたように，既にホームページ開設などを中心とした取り組みの第1段階（＝草創期）は大方の自治体では終了し，現在は次なる段階としてその内容量はさることながら質や活用方法などが課題とされる第2段階（＝成熟期）を進行中である。

　筆者は，このインターネットを活用した自治体広報活動に関しては，情報化による新しいコミュニケーション・ツール（広報広聴ツール）の普及，進展が，1つ自治体広報にとって，2つ行政と住民との関係（公衆関係＝PR）にとっていかなる影響を及ぼすか，について導入当初より強い関心を抱いてきた。この関心に合わせ，ちょうど全国的な普及，進展過程と軌を一にする形でこれまで岩手県内自治体を事例に，1996年（平成8年），1998年（平成10年）と2度にわたり定点観測的な実証的調査研究に従事してきた（第1章，第2章）。

　本章は，この5年間に及ぶ事例研究のひとまず区切りとして，第2回調査から丸2年を経て実施した第3回調査の結果を踏まえ，その現状分析と課題の検討を行おうとするものである。

2．自治体におけるインターネットの活用動向

　次項以下の県内自治体の検討に当たって，その前提的な理解のために第2回調査以降の全国的な自治体の新たな活用動向についてごく簡単に触れておく。

　まず全国自治体のホームページ開設数であるが，筆者は過去2回の調査でNIPPON-Netの「自治体マップ検索」に登録されている開設数を基に一定の把握をしてきた。今回も同様の方法で調べてみたところ，2000年（平成12年）9月10日現在では1,500自治体が登録されている。これまで示してきたところでは，1996年9月1日現在ではおよそ340自治体，また1998年7月13日現在では，1,001自治体であった。ここにも先に見たインターネット利用者数同様，依然急速な普及が見て取れる[2]。

　次にインターネットの新たな活用動向であるが，第2回調査以降この分野で全国自治体で顕著な傾向は，広報活動では政策情報や行政透明化の観点に立っ

た情報提供を行う自治体が増加し，また先進自治体ではさらにその質的充実に努めている。他方広聴活動においては，インターネットを活用したパブリック・コメント制度など政策形成過程において，住民参加を図る目的での活用が増加傾向にある。

また，インターネット活用全般について言えば，ホームページ上で各種申請書が入手できたり（愛知県東海市他），自治体の調達手続きの一部をインターネットで行えるようになったり（神奈川県横須賀市他），あるいはまた情報公開請求から開示までインターネット上で可能になったり（奈良県橿原市[3]）と，単に広報活動の枠に止まらない総合窓口としての電子自治体化の傾向が強くなってきつつある。

そのような現状の中で，インターネットを活用した（広義の）広報活動の存在意義をどのように見いだしていくかが，改めて問われているとも言える。

3．岩手県内自治体の現状(1)
～「第3回岩手県内自治体におけるインターネットを利用した自治体広報活動アンケート調査」結果より

(1) 調査の概要

本アンケート調査は，岩手県内自治体のインターネットを利用した広報活動の状況，現状認識，課題等を検討することを目的として行われたものである。このアンケート調査は，1996年(平成8年)7月実施の「インターネットを利用した自治体広報活動に関するアンケート調査」（以下第1回調査），1998年(平成10年)7月実施の「第2回岩手県内自治体におけるインターネットを利用した自治体広報活動アンケート調査」（第2回調査）に続く3度目の調査にあたる。前回調査からさらに2年を経過して行われたものであり，その間の自治体側の意識の変化を明らかにする意味合いから，第1回，第2回調査のさらなるフォローアップとして位置づけられる。

このアンケート調査は，2000年(平成12年)8月15日付で岩手県内全60（県

第3章 岩手県域自治体を対象とした第3回(2000年)調査

表3-1 調査の概略

調査期間　1998年8月中旬〜9月上旬
調査方法　調査票郵送方式
調査対象　岩手県内全60自治体
調査対象別回収率

	回収自治体数	各自治体数	回収率(％)
県	1	1	100.0
市	13	13	100.0
町	29	30	96.7
村	16	16	100.0
計	59	60	98.3

および全市町村)の各自治体に向けて実施し,配布・回収とも郵送法によった。回答基準日を8月15日に設定し,回答期限を8月31日に設定した。この日までに未回答の自治体については改めて返送を促し,最終的には全60自治体のうち59自治体から回答が得られた。有効回答率は98.3％と極めて良好な回収率を得ることができた(表3-1)。

(2) アンケート調査の結果

(2)-1. ホームページ開設の推移

「(1)調査の概要」でも明らかにしたように,岩手県内全60自治体中59自治体よりアンケート調査の回答を得て,回収自治体については全てでホームページの開設を確認した。また,回収し得なかった残り1自治体も,実際に筆者がホームページの観察調査からその開設を確認したので,結果として岩手県内全60自治体全てでホームページが開設(＝インターネットの活用)された。第2回調査時(1998年)には,43自治体がホームページを開設していたので,その後約2年の月日を経て県内全自治体全てに行き渡ったということになる(図3-1および表3-2)。

この点に関しては,第2回調査時まで「過疎・高齢化を抱える自治体には,必要性を認めない」と回答していた自治体も結局開設をしたということになる。それがどういう意味合いを持つものなのか調査結果からだけでは判然としないが,単に他の自治体に倣って開設したのか,それとも別の意味を有しているの

図3-1 開設数の伸び

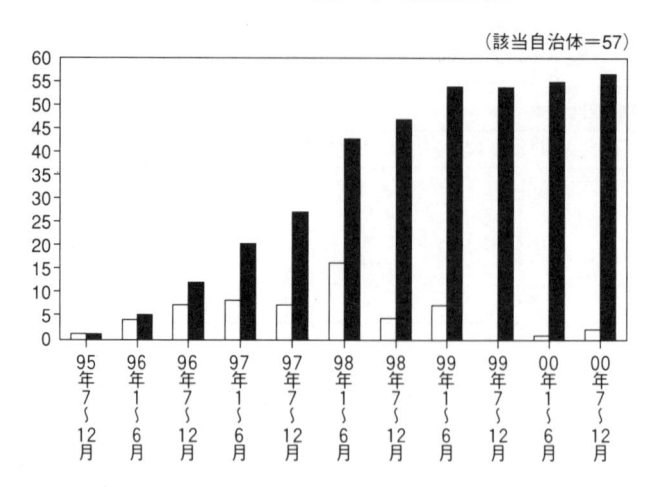

かは今後改めて検討しなければならない点である。

(2)-2. 前提となる基礎的設問(この設問は,回答を寄せた全59自治体を対象)
(2)-2-1. 推進体制
a. 人員体制

今回もまず,インターネットによる広報活動に従事している「人員体制」について訊ねることから始めた。結果担当職員数が「1名」と答えた自治体は31自治体(52.5%),「2名」が15自治体(25.4%),「3名」が8自治体(13.6%),「4名」が2自治体(3.4%),「5名」が1自治体(1.7%),「未回答」が2自治体(3.4%)という結果であった(図3-2)。

第2回調査時では42.5%の自治体が1人体制であったが,今回はさらに増え半数を超える自治体が1人体制であることが明らかになった。広報活動領域において日増しに強まるインターネット広報の位置づけを考えるならば,この1人という数はあまりにも少ないと言わざるを得ない。この点は第2回調査時から繰り返し述べているところである。増加するどころかより負担が強くなる傾向は,自治体の財政悪化,人件費削減と連動してのことと思われるが,やはり1名体制は好ましくない。

第3章 岩手県域自治体を対象とした第3回(2000年)調査 85

表3−2 県内自治体のホームページ　　　(2000年9月現在)

		自治体名	ホームページアドレス（URL）	開始時期
	1	岩 手 県	http://www.pref.iwate.jp/	96年9月
岩手・紫波地区	2	盛 岡 市	http://www.nnet.ne.jp/moriokacity/frame.html	96年12月
	3	葛 巻 町	http://www.town.kuzumaki.iwate.jp/index.html	98年6月
	4	岩 手 町	http://www.town.iwate.iwate.jp/index.html	98年6月
	5	西 根 町	http://www.town.nishine.iwate.jp/index.html	98年2月
	6	松 尾 村	http://www.vill.matsuo.iwate.jp/index.html	98年6月
	7	玉 山 村	http://www.vill.tamayama.iwate.jp/index.html	98年6月
	8	滝 沢 村	http://www.vill.takizawa.iwate.jp/	98年3月
	9	雫 石 町	http://www.town.shizukuishi.iwate.jp/	97年11月
	10	矢 巾 町	http://www.town.yahaba.iwate.jp/	99年1月
	11	紫 波 町	http://www.town.shiwa.iwate.jp/	98年8月
稗和・胆江地区	12	大 迫 町	http://www.echna.ne.jp/~ohasama/	96年7月
	13	石 鳥 谷 町	http://www.echna.ne.jp/~rinta/	96年4月
	14	東 和 町	http://www.michinoku.ne.jp/~towa/	99年4月
	15	花 巻 市	http://www.city.hanamaki.iwate.jp/index.html	95年12月
	16	北 上 市	http://www.kitakami.ne.jp/~kitagami/	97年4月
	17	沢 内 村	http://www.kitakami.ne.jp/~sawauchi/	98年6月
	18	湯 田 町	http://www.kitakami.ne.jp/~townyuda/	98年4月
	19	金ヶ崎町	http://www.town.kanegasaki.iwate.jp/	不　明
	20	江 刺 市	http://www.isop.ne.jp/atrui/esas.html	98年2月
	21	水 沢 市	http://www.city.mizusawa.iwate.jp/	98年9月
	22	胆 沢 町	http://www.town.isawa.iwate.jp/	98年6月
	23	前 沢 町	http://www.isop.ne.jp/atrui/maes.html	96年12月
	24	衣 川 村	http://www.vill.koromogawa.iwate.jp/	2000年8月
両磐・気仙地区	25	平 泉 町	http://www.town.hiraizumi.iwate.jp/	不　明
	26	一 関 市	http://www.city.ichinoseki.iwate.jp/	98年3月
	27	花 泉 町	http://www.town.hanaisumi.iwate.jp/	98年4月
	28	藤 沢 町	http://www.town.fujisawa.iwate.jp/	97年5月
	29	東 山 町	http://www.town.higashiyama.iwate.jp/	不　明
	30	川 崎 村	http://www.vill.kawasaki.iwate.jp/	99年4月
	31	大 東 町	http://www.town.daito.iwate.jp/	96年4月
	32	千 厩 町	http://www.town.senmaya.iwate.jp/	99年4月
	33	室 根 村	http://www.vill.murone.iwate.jp/	99年3月
	34	住 田 町	http://www.nnet.ne.jp/sumita/	97年7月
	35	陸前高田市	http://www.nnet.ne.jp/takata/	98年5月
	36	大 船 渡 市	http://www.nnet.ne.jp/ofunato/	97年9月
	37	三 陸 町	http://www.nnet.ne.jp/~sanriku/index.html	97年10月
上・下閉伊地区	38	宮 守 村	http://www1.echna.ne.jp/~miyavill/	2000年6月
	39	遠 野 市	http://www.evhna.ne.jp/~tohno/	96年4月
	40	釜 石 市	http://www.city.kamaishi.iwate.jp/	98年8月
	41	大 槌 町	http://www.town.otsuchi.iwate.jp/	96年6月
	42	山 田 町	http://www.echna.ne.jp/~yamada/	96年11月
	43	宮 古 市	http://www.city.miyako.iwate.jp/	98年12月
	44	新 里 村	http://www.vill.niisato.iwate.jp/	98年4月
	45	川 井 村	http://www.vill.kawai.iwate.jp/	96年7月
	46	岩 泉 町	http://www.echna.ne.jp/~iwaizumi/	97年9月
	47	田 老 町	http://www.town.taro.iwate.jp/	99年3月
	48	田 野 畑 村	http://www.vill.tanohata.iwate.jp/	99年3月
	49	普 代 村	http://www.echna.ne.jp/~fudai/	97年3月
	50	久 慈 市	http://www.rnac.or.jp/~kuji/	97年3月

	51	野 田 村	http://www.rnac.or.jp/~noda/	97年3月
九戸・二戸地区	52	山 形 村	http://www.rnac.or.jp/~yamagata/	97年3月
	53	種 市 町	http://www.rnac.or.jp/~taneichi/	97年3月
	54	大 野 村	http://www.vill.ohno.iwate.jp/index.html	97年3月
	55	軽 米 町	http://www.town.karumai.iwate.jp/	96年12月
	56	九 戸 村	http://www.n-net.ne.jp/~kunohe-1/	97年12月
	57	二 戸 市	http://www.city.ninohe.iwate.jp/	97年11月
	58	一 戸 町	http://www.town.ichinohe.iwate.jp/	98年3月
	59	浄 法 寺 町	http://www.town.joboji.iwate.jp/	2000年8月
	60	安 代 町	http://www.town.ashiro.iwate.jp/index.html	98年6月

図3-2 人員体制

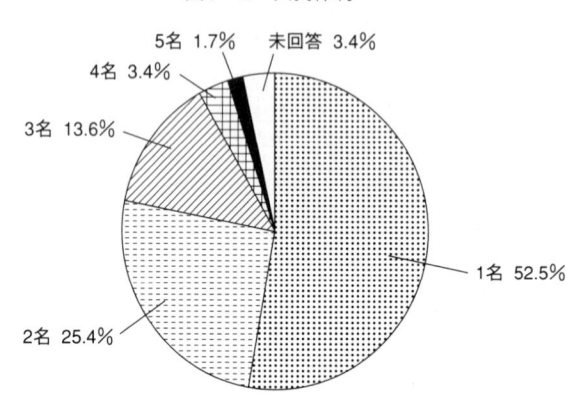

5名 1.7%
未回答 3.4%
4名 3.4%
3名 13.6%
2名 25.4%
1名 52.5%

b. 専従担当者

　また，専従担当者を置いて「いる」自治体が5自治体（8.5％）あり，残り54自治体（91.5％）は置いていなかった（図3-3）。第2回調査時では専従職員を置く自治体は10.0％であったので，この点それ程の変化は見られない。これも第2回調査同様インターネット活用が多方面に行われている現況にあって，本来的には専従職員を置くことが望ましい。

　なお，推進担当部門についても参考までに記してもらったが，広報部門が一番多くを占め，情報化関連部門，およびそれとの協働体制という順番であった。この点に関しては，現状ではなお広報部門が主となってインターネット業務を行っているところが多いことを示している。しかし，電子自治体化が進行し，各部門で独自のホームページを持つようになると広報部門の役割は，枠組みを構築することだけにも成り得なくもない。この点はまた，以下の設問で言及する。

図3−3 専従担当者

置いている 8.5%
置いていない 91.5%

c. 広報部門の地位・位置づけ

さらに広報部門の地位・位置づけを問う設問として，インターネットによる情報提供に際して，広報部門がその内容に関し情報提供基準などトータルな面で総合調整的な役割を担っているかどうかについても訊ねてみた。結果は，「1. 総合調整的な役割を担っている」と答えた自治体が18自治体（30.5％），「2. 内容面の基準，度合いは専ら提供部門に任されている」と答えた自治体が34自治体（57.6％），「3. その他」が6自治体（10.2％），「未回答」が1自治体（1.7％）という結果であった（図3−4）。

これは，今回新たに加えた設問であったが，その含意は次の点にある。今後

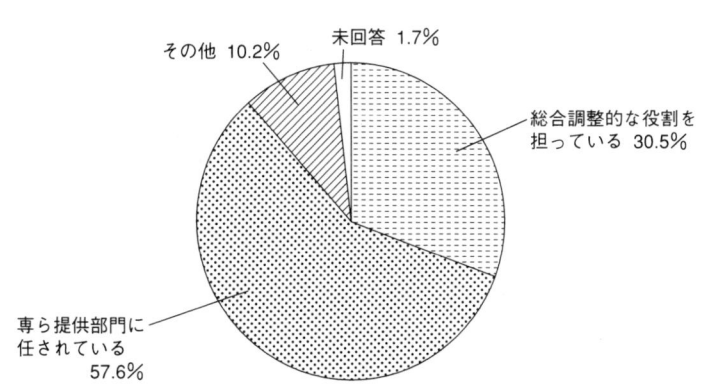

図3−4 広報部門の地位・位置づけ

その他 10.2%
未回答 1.7%
総合調整的な役割を担っている 30.5%
専ら提供部門に任されている 57.6%

電子自治体化が進行すれば，広報部門だけのインターネット活用という意味ではその役割が低くなり，電子自治体の中に埋没していくことも考えられる。そこで，広報部門の存在理由を示すことの可能な1つの方向性が，内容（コンテンツ）のトータルな総合調整機能を担っていくという点ではないかと推測し，質問に加えてみたものである。「1.総合調整的な役割を担っている」と答えた自治体が3割程度あった結果は数字的にはそれほど多くはないが，現時点での状況を考えると，思ったより多いという印象を受ける。ここに広報部門の方向性，可能性を見いだすことができるかもしれない。各課（原課）に「こういう情報を流して欲しい」であるとか，「ここまで情報を量的，あるいは質的に広げて提供すべきである」といったコーディネート（総合調整）的役割を広報部門が勝ち得ることは，今後のその存在意義を考えていく上で重要な部分をなすものと思われるからである。これは，他の広報媒体についても，同様のことが言える。

(2)-2-2. 開設・活用目的
a. ホームページの開設・活用目的

ホームページの開設・活用目的に関して，訊ねてみた。結果は，「1.(狭義の)広報及び広聴手段」と答えた自治体が41自治体(69.5％)，「2.(狭義の)広報手段」と答えた自治体が13自治体(22.0％)，「3.広聴手段」とだけ答えた自治体は1自治体(1.7％)，「4.その他」が4自治体(6.8％)という結果であった（図

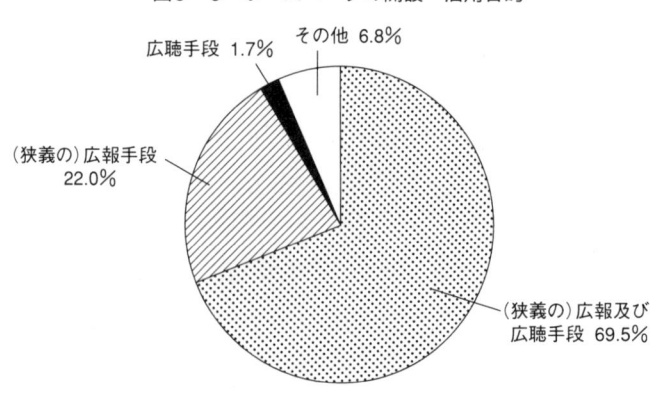

図3-5 ホームページの開設・活用目的

その他 6.8%
広聴手段 1.7%
(狭義の)広報手段 22.0%
(狭義の)広報及び広聴手段 69.5%

3 − 5）。

「1.（狭義の）広報及び広聴手段」と答えた自治体が第 2 回調査時の57.5％から今回69.5％へと伸びを見せており，インターネットの特質であるところの双方向性に対する認識が前回より高まっていることが確認された。

b．ホームページの主な対象地域

全59自治体がインターネットの活用で目的とする対象地域をどこに置いているか訊ねてみた〔複数回答可〕。最も重点を置いている対象地域として，結果は，「1. 当該自治体」が42自治体（71.2％），「2. 岩手県民」が27自治体（45.8％），「3. 東北地方」が22自治体（37.3％），「4. 日本全国」が36自治体（61.0％），「5. 外国」が2自治体（3.4％），「未回答」が1自治体（1.7％）という結果であった（図3 − 6）。

今回際立って特徴的な点は，「1. 当該自治体」を選択した自治体が第 2 回調査時に47.5％だったものが今回71.2％へと大幅に増加し，一番多くを占めたことである。これは単に地域外の人々への観光，物産などを中心とした地域活性化を目的とした情報発信のための手段としてのみの活用ではなく，当該住民への情報伝達，フィードバックの手段としての活用に対してもようやく大方の認識がなされた結果であると理解される。前回調査まで繰り返し指摘してきたところのタックス・ペイヤーに対する義務という認識が，相当程度なされた結果であると思われる。好ましい傾向が出てきたと言える。

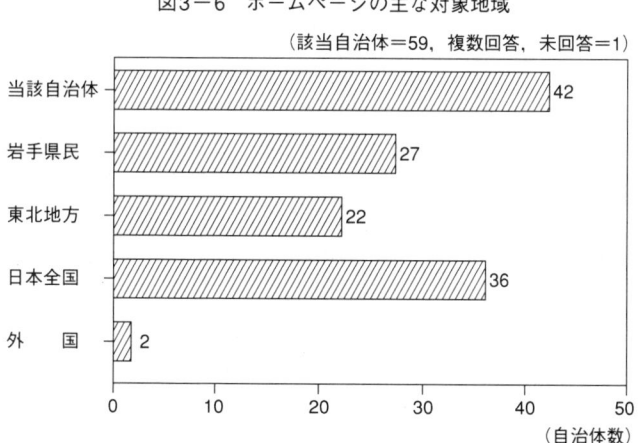

図3 − 6　ホームページの主な対象地域

（該当自治体＝59，複数回答，未回答＝1）

対象地域	自治体数
当該自治体	42
岩手県民	27
東北地方	22
日本全国	36
外　国	2

（自治体数）

(2)－3. (狭義の) 広報活動に関する設問

ここでは,インターネットを活用した広報活動に対する自治体側の意識を探るためにいくつかの質問を行った。

(2)－3－1. インターネット広報 (開設・活用) の目的
a. 開設・活用の具体的目的

まず「広報」を含んで回答した54自治体には,開設・活用の具体的目的を用意した項目から選択してもらったところ〔複数回答可〕,「1.観光客誘致等のまちおこし,地域活性化を念頭に置いた地域情報発信」と答えた自治体が47自治体 (87.0％),「2.自治体から当該住民等への情報提供やお知らせ」が36自治体 (66.7％),「3.行政過程の透明化を念頭に置いた行政情報の公開・提供」が14自治体 (25.9％),「4.政策過程への住民参加に資する政策情報の公開・提供」が7自治体 (13.0％),「5.その他」が2自治体 (3.7％) という結果であった (図3－7)。

第1回,第2回調査時に比べると,「3.行政過程の透明化を念頭に置いた行政情報の公開・提供」が0％から11.1％,そして25.9％にまで倍増し,また今回新たに加えた回答項目である「4.政策過程への住民参加に資する政策情報の公開・提供」を挙げる自治体が13.0％あったことなどから考えて,徐々にではあるも

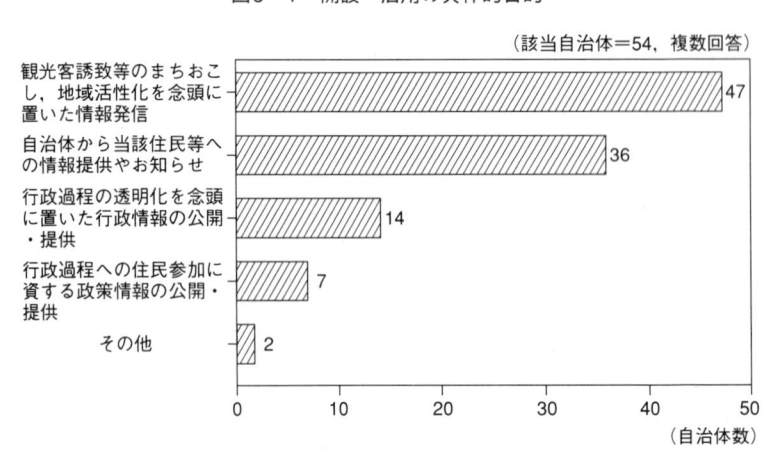

図3－7 開設・活用の具体的目的

(該当自治体＝54,複数回答)

項目	自治体数
観光客誘致等のまちおこし,地域活性化を念頭に置いた情報発信	47
自治体から当該住民等への情報提供やお知らせ	36
行政過程の透明化を念頭に置いた行政情報の公開・提供	14
行政過程への住民参加に資する政策情報の公開・提供	7
その他	2

(自治体数)

のの単なる地域情報発信だけではなく行政透明化，民主的行政過程の実現といった観点からもインターネットを活用する自治体が増加してきていることを示している。この点は以下の調査結果からも窺うことができる。

b. 活用目的の変化

次に，この具体的目的が時系列的に変化しているのかどうかを調べるために，開設・活用当初から現在に至るまでの活用目的の変化についても訊ねてみた。結果は，「1. 変わりない」が40自治体（74.1％），「2. 変わった」が13自治体（24.1％），「3. その他」が1自治体（1.8％）というものであった（図3－8）。この「2. 変わった」と答えた自治体の理由としては，「行政情報の公開・提供に関する住民のニーズが高まってきたため」，「行政情報の公開手段としてホームページの役割のウェイトが増したと思う」などの回答を始めとして，行政透明化，民主化に応えるための一手段としてその活用を意識し出した結果，活用目的に変化が表れた自治体が比較的多く見られた。

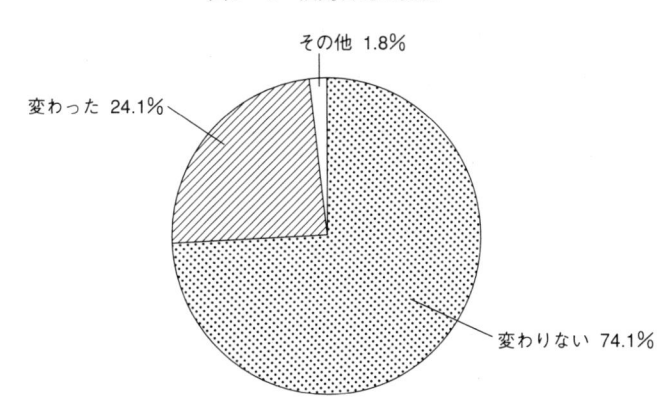

図3－8　活用目的の変化

その他 1.8％
変わった 24.1％
変わりない 74.1％

(2)－3－2．行政透明化のための情報の公開・提供に関して

ところでこの第3回調査では，昨今先進自治体においてみられる行政（なかでも政策）情報の公開・提供の動向を受けて，岩手県内自治体にもそれに沿った設問をいくつか用意してその動向を探ることにした。

a. 行政透明化のための具体的な公開・提供

まず,「開設・活用の具体的目的」の設問で,「3. 行政過程の透明化を念頭に置いた行政情報の公開・提供」を含んで答えた14自治体(「広報」を含んで回答した自治体中の25.9％)には,行政透明化のために具体的にどのような公開・提供を行っているのか訊ねてみた〔複数回答可〕。結果としては,「1. 条例・例規集の提供」が0自治体(0.0％),「2. 審議会等の議事録の公開・提供」が4自治体(28.6％),「3. 食糧費,交際費等の公開・提供」が3自治体(21.4％),「4. 記者発表資料の公開・提供」が2自治体(1.4％),「5. その他」が5自治体(35.7％)というものであった(図3－9)。「4. その他」で挙げられていたものは,予算,決算の公開などの情報であった。

回答結果からは,まだ個別散発的に試行されている状況が窺える。なお「1. 条例・例規集の提供」については,後述する観察調査の結果表でも示しているように,アンケート直後に1自治体(具体的には大槌町)で充実した例規集のコーナーが開設された[4]。これなどは,まさに小規模自治体でもその姿勢次第で先進的な試みを行えることを身を持って実践しており評価できる。

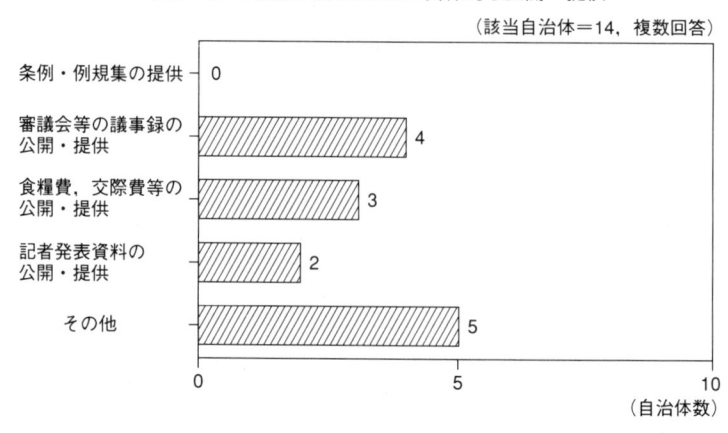

図3－9　行政透明化のための具体的な公開・提供

(該当自治体＝14, 複数回答)

項目	自治体数
条例・例規集の提供	0
審議会等の議事録の公開・提供	4
食糧費,交際費等の公開・提供	3
記者発表資料の公開・提供	2
その他	5

(自治体数)

b. 行政透明化目的の情報提供を目的としない理由

一方今度は,この「3. 行政過程の透明化を念頭に置いた行政情報の公開・提供」の項目を選択しなかった40自治体(「広報」を含んで答えた自治体中の

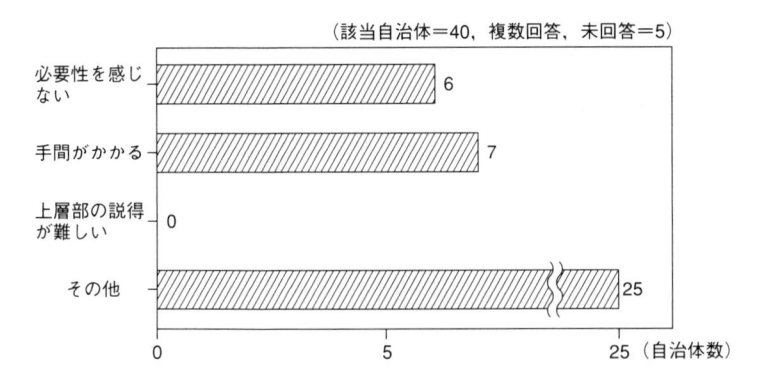

第3章　岩手県域自治体を対象とした第3回(2000年)調査　93

図3－10　行政透明化目的の情報提供を目的としない理由

（該当自治体＝40，複数回答，未回答＝5）

- 必要性を感じない：6
- 手間がかかる：7
- 上層部の説得が難しい：0
- その他：25

74.1％）には，その行政透明化目的の情報提供を目的としない理由について訊ねてみた〔複数回答可〕。結果は，「1.必要性を感じない」が6自治体（15.0％），「2.手間がかかる」が7自治体（17.5％），「3.上層部の説得が難しい」が0（0.0％），「4.その他」が25自治体（62.5％），未回答が5自治体（12.5％）であった（図3－10）。「4.その他」の理由としては，「内部体制の未整備」，「条例・規則自体の未整備」，「住民に求める気運がない」，「情報の提供元である直接の担当部門にその動きがない」等であった。さすがに「1.必要性を感じない」と回答した自治体は少数に止まったが，全体的に率先して新しい試みに取り組もうという姿勢は，現時点ではまだ弱いようだ。

c. 行政透明化目的の公開・提供手段を取り入れる予定

この「3.行政過程の透明化を念頭に置いた行政情報の公開・提供」を選択しなかった自治体（40自治体）にはまた，今後このような行政透明化目的の公開・提供手段を取り入れる予定はあるのかについて訊ねてみたところ，予定が「1.ある」と答えた自治体が13自治体（32.5％），「2.ない」と答えた自治体が17自治体（42.5％），「未回答」が10自治体（25.0％）という結果であった（図3－11）。今後このような予定があると答えた自治体が，具体的活用案として挙げていたのは，例規集，議事録の提供，計画策定段階の情報等であった。いずれにせよ，その早急な実現化が求められる。

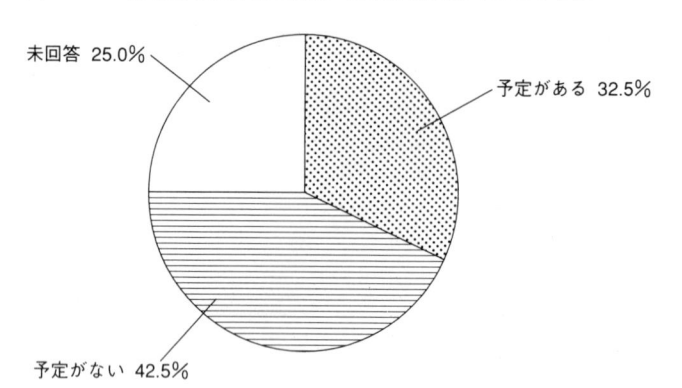

図3-11 行政透明化目的の公開・提供手段を取り入れる予定

未回答 25.0%
予定がある 32.5%
予定がない 42.5%

d. 行政過程透明化手段としてのインターネット活用の今後

　この関連の設問の最後に，全59自治体に対して今後行政過程の透明化を念頭に置いた行政情報の公開・提供の手段としてインターネットの活用は一般化していくと思うかという質問を行った。結果は，一般化していくと「1. 思う」と答えた自治体が50自治体（84.7％），「2. 思わない」と答えた自治体が7自治体（11.9％），「未回答」が2自治体（3.4％）というものであった（図3-12）。このうち，一般化していくと「思わない」と答えた自治体の主な理由としては，「パソコン普及率の限定」がその多くを占めた。多くの自治体が一般化していく

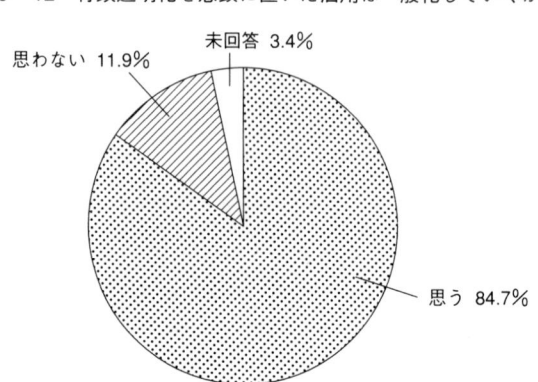

図3-12 行政透明化を念頭に置いた活用は一般化していくか

未回答 3.4%
思わない 11.9%
思う 84.7%

と考えている中で,一方では一定程度明確に情報化環境＝インフラ整備を危惧する自治体が存在することが明らかになった。

(2)－3－3. 政策情報の公開・提供に関して
a. 政策情報の公開・提供としての具体的実施方法
次に「4.政策過程への住民参加に資する政策情報の公開・提供」を含んで回答した7自治体（13.0％）には,政策情報の公開・提供として具体的にどのようなことを行っているのか訊ねてみた。自由記述により回答してもらったところ,「パブリックコメント制度として（自治体）施策に関する基本的な計画等を立案する過程で,その計画の案の趣旨,内容その他必要な事項の情報を公開・提供」,「各種自治体計画の策定段階における情報の公開・提供」などといった同種の活用が多く回答されていた。

b. 政策情報の公開・提供を目的としない理由
一方,「4.政策過程への住民参加に資する政策情報の公開・提供」を選択しなかった47自治体（87.0％）に対しては,政策情報の公開・提供を目的としない理由を訊ねてみた〔複数回答可〕。その結果は,「1.必要性を感じない」が9自治体（19.1％）,「2.手間がかかる」が7自治体（14.9％）,「3.上層部の説得が難しい」が0自治体（0.0％）,「4.その他」が27自治体（57.4％）,「未回答」が5自治体（10.6％）であった（図3－13）。なお,「4.その他」の理由には,「内

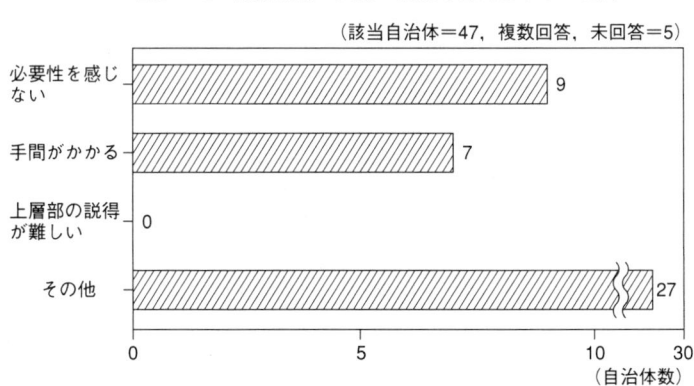

図3－13　政策情報の公開・提供を目的としない理由
（該当自治体＝47,複数回答,未回答＝5）

項目	自治体数
必要性を感じない	9
手間がかかる	7
上層部の説得が難しい	0
その他	27

（自治体数）

部体制の未整備」,「検討中」,「今後の検討事項」,「インターネットでない方が対応可能」,「情報元である直接の担当部門にその動きがない」等が挙げられていた。

前述の「行政透明化目的の情報提供を目的としない理由」の回答で約1.5割の自治体が「1.必要性を感じない」こと，さらにこの「政策情報の公開・提供を目的としない理由」の回答で「1.必要性を感じない」自治体が現時点で約2割程度も存在していることは，自治体の住民に対する姿勢が疑われても仕方がないだろう。

c. 政策過程への住民参加に資する政策情報の公開・提供の手段としてのインターネットの今後

この関連の設問の最後に，回答を寄せた全59自治体に対して今後政策過程への住民参加に資する政策情報の公開・提供の手段としてインターネットの活用は一般化していくと思うかという質問を行った。結果は，一般化していくと「1.思う」と答えた自治体が47自治体（79.7％），「2.思わない」と答えた自治体が10自治体（16.9％），「未回答」が2自治体（3.4％）というものであった（図3－14）。

このうち，一般化していくと「思わない」と答えた自治体の主な理由としては，「パソコン普及率，利用者の限定」が挙げられている。これも，先の「行政過程透明化手段としてのインターネット活用の今後」の「その他」に挙げられ

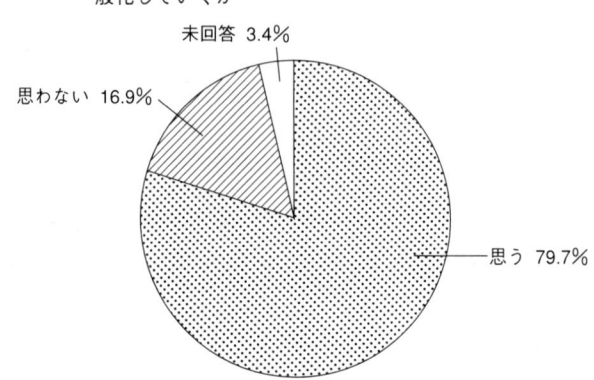

図3－14 政策情報の公開・提供の手段としてインターネット活用は
　　　　一般化していくか

未回答 3.4%
思わない 16.9%
思う 79.7%

ていた回答と同様，そのインフラ整備を危惧する自治体が一定程度存在することを示している。また，これまでにも繰り返し述べてきたように，過疎高齢化の比較的高い自治体では，インターネットを活用した広報活動は必ずしも効果的ではない，といった点からの理由も考慮すべきである。

(2)－3－4. 他の広報ツールとの比較評価
a. 現時点での他の（狭義の）広報活動ツールとの比較評価

　広報に関する設問の最後に，開設・活用目的のところで「広報」を含んで回答した54自治体には他の（狭義の）広報活動のツールと比較して，現時点でどのように評価しているか訊ねてみた。結果は，「1. 比較して機能的価値がとても高い」と答えた自治体が2自治体（3.7％），「2. 比較して機能的価値はやや高い」と答えた自治体が20自治体（37.0％），「3. 同程度」と答えた自治体が13自治体（24.1％），「4. 比較して機能的価値がやや低い」と答えた自治体が12自治体（22.2％），「5. 比較して機能的価値はとても低い」と答えた自治体が7自治体（13.0％）という結果であった（図3－15）。

　第2回調査時では，「5. 比較して機能的価値はとても低い」と答えた自治体が0であったのが，今回13.0％に増えていることは興味深い。それは住民からの目立った反応が測りにくいという点に求められるものと推測されるが，実際いかな

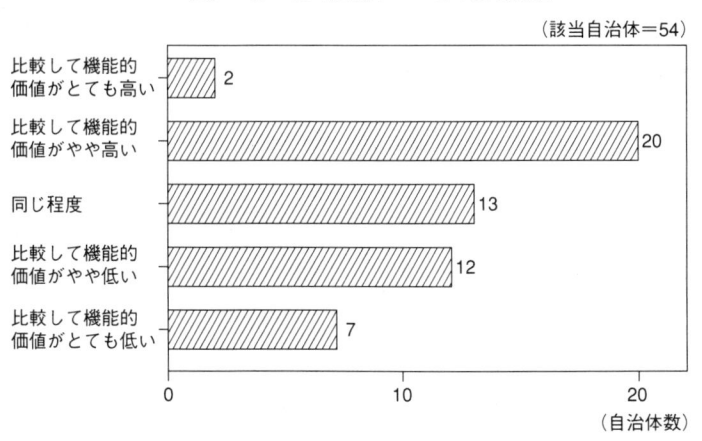

図3－15　他の広報ツールとの比較評価

（該当自治体＝54）

項目	自治体数
比較して機能的価値がとても高い	2
比較して機能的価値がやや高い	20
同じ程度	13
比較して機能的価値がやや低い	12
比較して機能的価値がとても低い	7

（自治体数）

る理由によるものか今後その検討が必要である。というのは，ツールの活用方法自体に問題がある場合も想定されるからである。

(2)-4. 広聴活動に関する設問

次に，インターネットを利用した広聴活動に関する自治体側の意識を探るために，いくつかの質問を行った。

(2)-4-1. インターネット広聴の目的
a. インターネット広聴の具体的目的

まず冒頭の設問(2)-2-2のa.「開設・活用の目的」のところで「広聴」を含んで回答した42自治体に，広聴の具体的目的を訊ねてみた〔複数回答可〕。結果は，「1.自治体行政全般への意見聴取」と答えた自治体が31自治体（73.8％），「2.ホームページを見た感想等の意見聴取」と答えた自治体が24自治体（57.1％），「3.住民からの質問，要望の受付」と答えた自治体が37自治体（88.1％），「4.政策過程への住民参加」と答えた自治体が8自治体（19.0％），「5.その他」が1自治体（2.4％）という結果であった（図3-16）。

第2回調査時と比較して，まず「1.自治体行政全般への意見聴取」と答えた自治体が47.8％から73.8％に大幅に増加している。また，「4.政策過程への住民

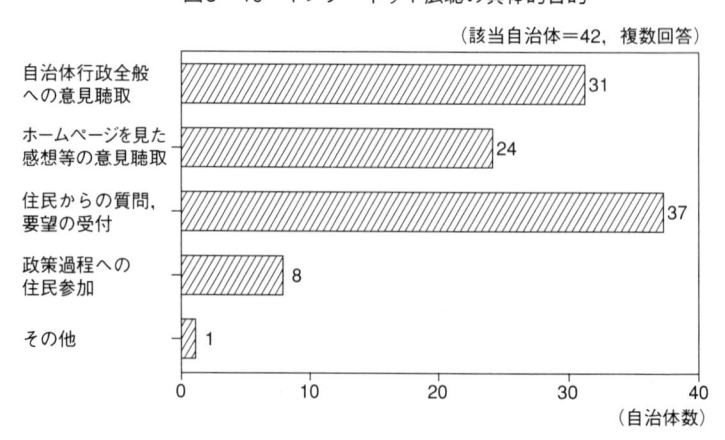

図3-16 インターネット広聴の具体的目的

（該当自治体＝42，複数回答）

項目	自治体数
自治体行政全般への意見聴取	31
ホームページを見た感想等の意見聴取	24
住民からの質問，要望の受付	37
政策過程への住民参加	8
その他	1

（自治体数）

参加」と答えた自治体も13.0％から19.0％と一定程度の伸びを示している。ようやく自治体行政へのフィードバック機能や，政策過程への住民参加としてのインターネット広聴が，徐々にではあるが認識され始めた結果と理解できる。また，全体的に見ても，タックス・ペイヤーとしての当該住民に対する義務を果たすという意味合いからも，自治体の意識が変わってきたと考えられる。

(2)－4－2. 政策過程への住民参加手段としての活用

a. 政策過程への住民参加手法としての具体的活用法

この回答の中で，「4. 政策過程への住民参加」を含んで回答した8自治体（「広聴」を選んだ42自治体のうちの19.0％）には，具体的に何か活用しているか訊ねてみたところ，「1. 活用している」と答えた自治体が5自治体（62.5％），「2. 現在はまだない」と答えた自治体が3自治体（37.5％）という結果であった（図3－17）。この「活用している」自治体の主な内容としては，「パブリック・コメント制度としての活用」，「各種計画（環境基本計画，まちづくり計画，総合計画）の策定段階での意見聴取」など同様の回答であった。

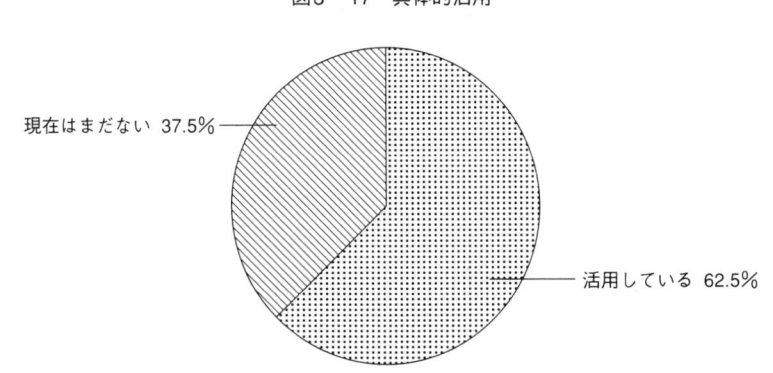

図3－17 具体的活用

現在はまだない 37.5％

活用している 62.5％

b. 政策過程への住民参加手段としてのインターネット活用の今後

今度は回答を寄せた全59自治体に，今後「政策過程への住民参加手段」としてインターネットの活用は一般化していくと思うかという点について訊ねてみ

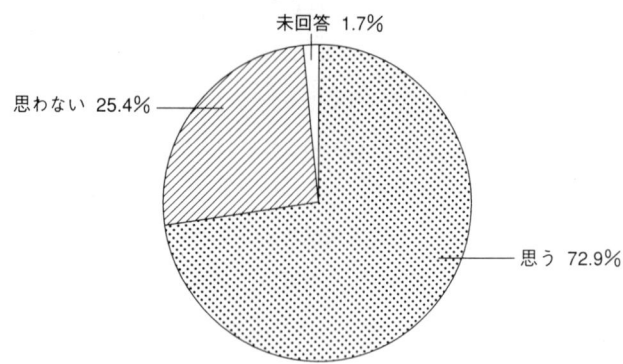

図3-18 政策過程への住民参加手段としてインターネットの活用は一般化していくと思うか

未回答 1.7%
思わない 25.4%
思う 72.9%

た。結果は「1.思う」と答えた自治体が43自治体（72.9％），「2.思わない」と答えた自治体が15自治体（25.4％），「未回答」が1自治体（1.7％）というものであった（図3-18）。

　一般化していくとは思わない理由として挙げられていたのは，「インターネットの普及率，住民への一般化の困難」，「インターネット利用者階層の偏向性」等の点である。第1章，第2章との繰り返しになるが，特に高齢化の高い自治体でのインターネット普及は現実にかなりの困難が予想され，この問題は過疎・高齢化を抱える自治体が全国に多く存在する現実を鑑みるに，十分に考慮しなければならない問題である。その意味で自治体職員が自ら足を使っての「市町村レベルでは公聴会の開催等により政策過程への住民参加は充分可能だからしない。すべきでない」とするある自治体のコメントは傾聴に値する。その意味で顔と顔が見えるツーウェイ・コミュニケーションこそが，デモクラシーの根本にあることを考えるならば，インターネットが最善の広聴ツールにはならない場合も自治体によっては十分あり得るということを改めて認識させられる。

c. 新しい広聴の形―サイバー住民制度の活用

　同じく全59自治体に，今度は新たな広聴活動の試みとして実践事例が見られる「サイバー町民」制度を設け，地域内外の人々から自治体行政への意見聴取などを行っているか，あるいは今後行う予定があるかについて訊ねてみた。結果は，現在サイバー住民制度を「1.行っている」自治体が5自治体（8.5％），「2.

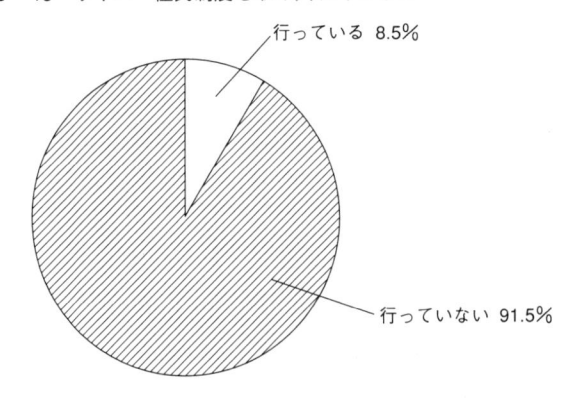

図3−19 サイバー住民制度を取り入れているか

行っている 8.5%
行っていない 91.5%

行っていない」自治体が54自治体（91.5％）という結果であった（図3−19）。

現在はそのような制度を行っていないこの54自治体のうち，「a. 今後予定がある」自治体が9自治体（16.7％），「b. 今後予定がない」自治体が39自治体（72.2％），「未回答」が6自治体（11.1％）という結果であった。サイバー住民制度は，手っ取り早く広範な行政ニーズを知り得る手段であり，予算的にも微々たるものでもあるし，自治体活性化のためにはもっと活用されてしかるべきではないかと思われる。また，当該自治体内に居住するサイバー住民だけでなく，他の自治体に居住するサイバー住民はその自治体の課題を客観視して判断できるだけに，その意見聴取等は大いに参考に資する可能性を秘めていると考えられる。

(2)−4−3. 他の広聴ツールとの比較評価
a. 現時点での他の広聴活動のツールとの比較評価

今度はこの広聴活動に関する設問の最後に，もう一度設問(2)−2−2のa.「開設・活用の目的」のところで「広聴」を含んで回答した42自治体に，他の広聴活動のツールと比較して現時点でどのように評価しているか訊ねた。結果は，「1. 比較して機能的価値がとても高い」と答えた自治体が4自治体（9.5％），「2. 比較して機能的価値がやや高い」と答えた自治体が10自治体（23.8％），「3. 同程度」と答えた自治体が8自治体（19.0％），「4. 比較して機能的価値がやや低い」と答えた自治体が14自治体（33.3％），「5. 比較して機能的価値はとても低

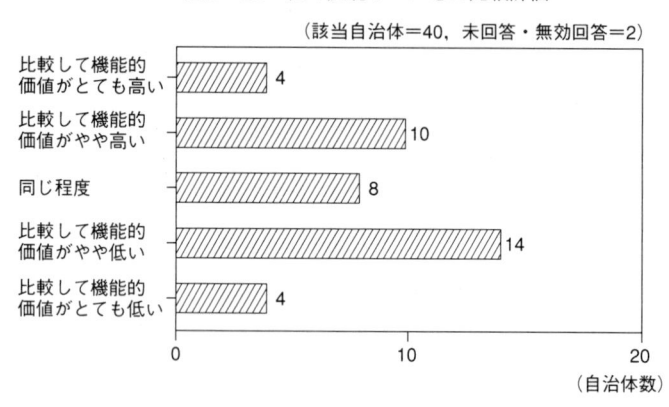

図3-20 他の広聴ツールとの比較評価

(該当自治体＝40、未回答・無効回答＝2)

区分	自治体数
比較して機能的価値がとても高い	4
比較して機能的価値がやや高い	10
同じ程度	8
比較して機能的価値がやや低い	14
比較して機能的価値がとても低い	4

い」と答えた自治体は4自治体（9.5％）、「未回答」、「無効回答」が各1自治体（各2.4％）という結果であった（図3-20）。

今回は第2回調査時と比べ、「4.比較して機能的価値がやや低い」と答えた自治体が26.1％から33.3％に、また「5.比較して機能的価値はとても低い」と答えた自治体も4.4％から9.5％と増加しており、この否定的評価が増えている理由はよく検討してみる必要がある。双方向性をその特徴の積極的側面とするインターネットによって、活用方法次第では広聴活動に大きな変革をもたらす（＝広義の広報活動全体にも影響を与える1つのイノベーション）と考えられるだけに、この否定的評価の増加はどのように考えるべきだろうか。活用方法に問題があるとも考えられるのは、広報活動のところでも述べたところである。

(2)-5. 内容情報に関する設問

(2)-5-1. 内容（コンテンツ）の構成

ここでは、自治体が受け手との関係性をどのように捉えているのかを把握するためにいくつかの質問を行った。

a.内容の理想的な構成比率

同じく全59自治体には、現状の比率は別にして、本来理想的なインターネットの内容構成はどのようにあるべきか訊ねたところ、「1.当該地域外向けのみ」と答えた自治体が0自治体（0.0％）、「2.当該地域外向けの内容が圧倒的に多い

図3-21 コンテンツの理想的な構成比率

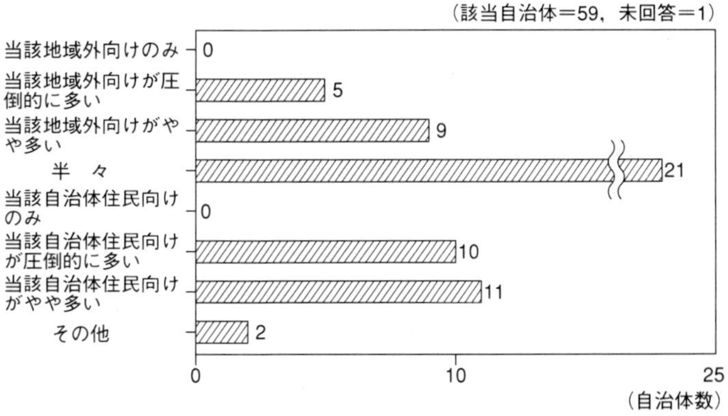

(該当自治体＝59，未回答＝1)

項目	自治体数
当該地域外向けのみ	0
当該地域外向けが圧倒的に多い	5
当該地域外向けがやや多い	9
半々	21
当該自治体住民向けのみ	0
当該自治体住民向けが圧倒的に多い	10
当該自治体住民向けがやや多い	11
その他	2

こと」が5自治体（8.5％），「3.当該地域外向けの内容がやや多い」と答えた自治体が9自治体（15.3％），「4.半々」と答えた自治体が21自治体（35.6％），「5.当該自治体住民のみ」と答えた自治体が0自治体（0.0％），「6.当該自治体住民向けの内容が圧倒的に多い」と答えた自治体が10自治体（16.9％），「7.当該自治体住民向けの内容がやや多いこと」と答えた自治体が11自治体（18.6％），「8.その他」と答えた自治体が2自治体（3.4％），「未回答」が1自治体（1.7％）という結果であった（図3-21）。

　第2回調査時と比較して，「6.当該自治体住民向けの内容が圧倒的に多い」と答えた自治体が10.5％から16.9％に，「7.当該自治体住民向けの内容がやや多いこと」と答えた自治体が15.8％から18.6％と増加したことは，当該住民を徐々にその対象として認識し始めていることを示すものと理解できる。

b. 理想的な構成比率の根拠

　先の理想的な内容構成の設問に答えてもらった自治体には，自由記述でその具体的理由も訊ねてみたところ，比較的多くの自治体から回答が得られた。以下その概要を記しておく。

「2.当該地域外向けの内容が圧倒的に多いこと」に対する理由
　・地域内・外と意識していない。
　・観光的PR。
　・村のPRなど。

「3. 当該地域外向けの内容がやや多い」に対する理由
- ・本来遠隔地において情報を得る手段として有効だから。
- ・観光客の呼び込みのため。
- ・当該自治体のインターネット利用者はまだ少ない状況にある。
- ・地域間交流の拡大により，地域の活性化につながるため。
- ・外向けの情報発信と共に，内向けへも行政情報をより早く提供する必要があるなど。

「4. 半々」に対する理由
- ・観光の問い合わせが多い。住民へのサービス。
- ・内外共に見て役立つものがよいから。
- ・インターネットの媒体特性（距離に依存しない）メリットを生かすため。
- ・幅広い人々にサイトを利用して頂くため。
- ・バランスがとれていることが望ましいため。
- ・現在のホームページの殆どが地域外が圧倒的に多いが，今後更に普及が進めば住民に速時（ママ）（筆者注：即時性？）の高い情報を提供できるため。
- ・（当該）地域と地域外向けの情報を両方を扱うべきであるなど。

「6. 当該自治体住民向けの内容が圧倒的に多い」に対する理由
- ・1つのホームページの内容を深くすることにより，住民への情報量を多くできる。またそれぞれがその様に行うことにより，コンテンツが多くなる。
- ・行政サービスは地元住民を対象としている。
- ・地方自治体である以上，当該地区の住民へのサービスが最優先されるべきものと考えるため。
- ・自治体のホームページは，自治体住民に利用されてこそ，その存在意義があるから。
- ・当該自治体の負担により維持されるため。
- ・市民が行政情報を入手する手段として便利であるなど。

「7. 当該自治体住民向けの内容がやや多いこと」に対する理由
- ・災害時における情報提供方法とも考えているので，地元情報を多くしていきたい。

・当該自治体住民へのサービスを第一に考えているため。
・市民との情報交換が目的。
・現実に住んでいる住民を基本とすべきと考える。
・住民向けのサービス充実が重要と考えるが，当町は観光が盛んな地であり，その情報発信も他に比べると重要性がある。
・現在の情報発信の手段としては，最も手軽に行えるものであるから，行政情報公開の場として積極的に活用すべきと考えられると同時に，全国向け観光案内としても，かなり期待できるものであるからなど。

「8．その他」に対する理由
・性質の異なる両者それぞれが重要であるなど。

(2)－5－2．内容（コンテンツ）の鮮度

a. 内容の更新頻度

次に回答を寄せた全59自治体に，ホームページのコンテンツについて，その提供する情報の更新頻度について訊ねてみたところ，「1．定期的に更新」している自治体は20自治体（33.9％），「2．不定期」が34自治体（57.6％），「3．その他」が3自治体（5.1％），「未回答」が2自治体（3.4％）という結果が得られた（図3－22）。回答項目［1，2］の比率は第2回調査時と比べ，それほど大差は見られない。第1段階の草創期であれば，また別にしても，現在において更

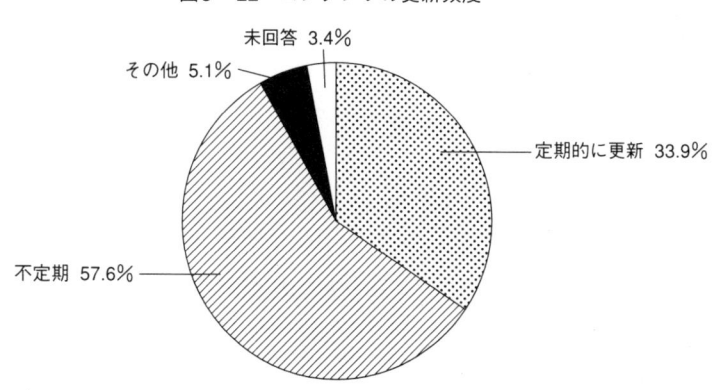

図3－22　コンテンツの更新頻度

図3－23　具体的な更新頻度

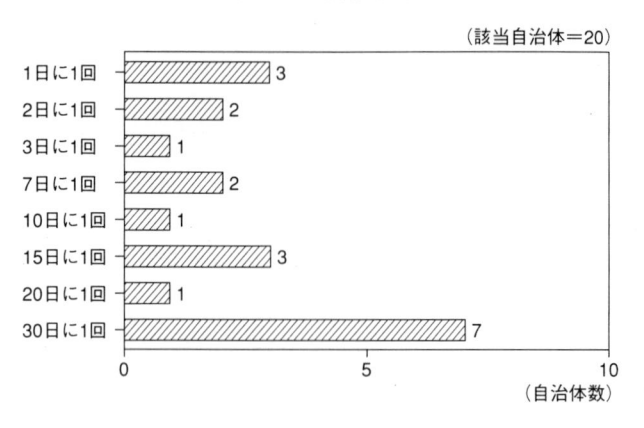

（該当自治体＝20）

- 1日に1回：3
- 2日に1回：2
- 3日に1回：1
- 7日に1回：2
- 10日に1回：1
- 15日に1回：3
- 20日に1回：1
- 30日に1回：7

（自治体数）

新が1か月に1回というのは，その即時性を機能的特徴の1つとするインターネットの活用としては，十分知悉しているとは思われない。既に毎日更新する自治体も全国的には増加してきている。

なお，この「定期的に更新」をしている20自治体の具体的更新頻度の内訳は，以下の通りであった（図3－23）。

- ・1日に1回：3自治体（15.0％）
- ・2日に1回：2自治体（10.0％）
- ・3日に1回：1自治体（5.0％）
- ・7日に1回：2自治体（10.0％）
- ・10日に1回：1自治体（5.0％）
- ・15日に1回：3自治体（15.0％）
- ・20日に1回：1自治体（5.0％）
- ・30日に1回：7自治体（35.0％）

(2)－6．インターネットを利用した広報・広聴活動全般に関する設問

最後の設問のカテゴリーとして，インターネットを利用した広報・広聴活動全般に関して現時点において自治体側がどのような評価，認識を持っているのかを探るためにいくつかの質問を行った。

図3-24 ホームページ開設の評価

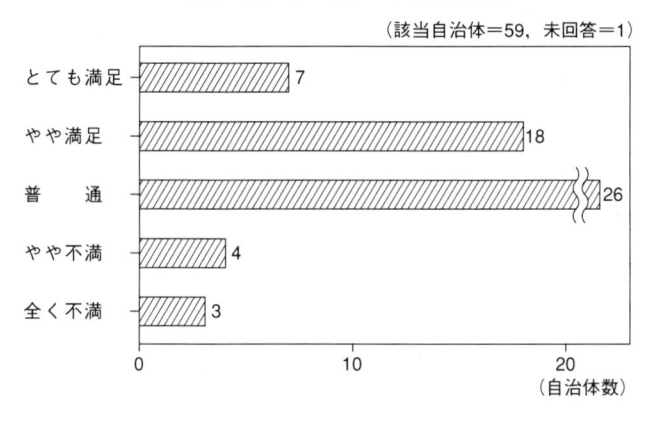

（該当自治体＝59，未回答＝1）

- とても満足 7
- やや満足 18
- 普通 26
- やや不満 4
- 全く不満 3

（自治体数）

(2)-6-1. インターネット広報・広聴活動の評価

a. ホームページ開設の評価

　まず現時点において，ホームページを開設したことをどのように評価しているのか，回答を寄せた全59自治体に訊ねてみた。結果は，「1. とても満足」している自治体が，7自治体（11.9％），「2. やや満足」している自治体が18自治体（30.5％），「3. 普通」と答えた自治体が26自治体（44.0％），「4. やや不満」と答えた自治体が4自治体（6.8％），「5. 全く不満」と答えた自治体は3自治体（5.1％），「未回答」は1自治体（1.7％）であった（図3-24）。

　自治体によってかなり異なる評価が出ている点は興味深いが，明確な否定層は少数に止まっている。同程度以上の評価は，第2回調査時とほぼ同様の結果である。

b. 他の広報・広聴活動ツールとの比較評価

　次に，同じくこの全59自治体には，他の広報・広聴活動の手段と比較して，総合的に見るとどのように評価しているか訊ねてみた。結果は，「1. 比較して機能的価値がとても高い」と答えた自治体は2自治体（3.4％），「2. 比較して機能的価値はやや高い」と答えた自治体は16自治体（27.1％），「3. 同程度」と答えた自治体は19自治体（32.2％），「4. 比較して機能的価値がやや低い」と答えた自治体は13自治体（22.0％），「5. 比較して機能的価値はとても低い」と答えた自治体は6自治体（10.2％），「未回答，無効回答」が3自治体（5.1％）という

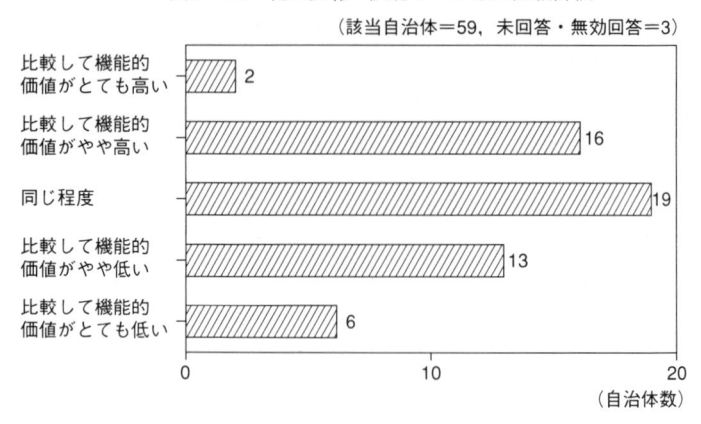

図3－25　他の広報・広聴ツールとの比較評価

（該当自治体＝59，未回答・無効回答＝3）

項目	自治体数
比較して機能的価値がとても高い	2
比較して機能的価値がやや高い	16
同じ程度	19
比較して機能的価値がやや低い	13
比較して機能的価値がとても低い	6

結果であった（図3－25）。

　第2回調査時には，「5. 比較して機能的価値はとても低い」が2.5％に止まっていたのが今回10.2％にまで増加した理由は，やはり効果がすぐには目に見えないことに対する自治体側の苛立ちによるものだろうか。しかし，この点はこれまでの繰り返しになるが，長期的視野で判断する性質のものであって，早急な結果は慎むべきであろう。

　(2)－6－2．インターネット活用の課題
　a. インターネット自治体広報活動の現在抱える課題
　本アンケート調査の終わりに当たって，現在各自治体がインターネットを使った広報活動で抱えている課題は何か自由に記述してもらったところ，次のような多数の意見を得ることができた（意見の末尾にある数は，同様の意見の数を示す）。

［寄せられた具体的課題の内容］
① 提供情報に関して
　・ホームページの開設（内容）が，観光情報の提供だけとなっている。広報活動や広聴活動に利用が図られていない。10月から情報公開制度が開始されるので，今後改善していかなければと思います。

- 観光情報等が中心となっており，町民が利用できる内容とする。
- 各申請書等を受け付け，その発行。
- 行政情報と行政サービスの一体的な提供（例：制度の周知と共に，制度利用〔申し込み〕がネット上で可能になるようなもの）。
- 庁内の各課が情報更新をすぐ行わない場合がある。
- 知識を持った人材がいないので業務委託になるため，更新等が財政的に困難。
- ホームページを自前で行えないため，小回りが利かないこと。
- 行政情報発信に対応していない。
- 専任がいないために，作成・更新が遅れがち。
- 現在盛岡市の民間業者に資料を郵送してページ更新を行っており，インターネットの持つ特性（速報，簡単さ）をいかしていない。
- インターネットを通じ提供されるべき情報が，各業務の担当から集まらず市広報の転載に止まる場合が多い。
- 業務が担当者のごく一部に過ぎず，更新がなかなかできない。
- 全庁的にインターネットを利用できる環境にないため，情報的提供が認知されていないためか担当課より（情報提供が）少ない。
- インターネットによる情報公開の内容と，その方向性についての議論，検討が不十分。
- インターネットで公開される行政情報に対する住民の関心が未知である。
- 住民からの意見の返答が難しい。
- 定期的な更新作業に手間取る。
- きめ細かく多量の情報を載せ，見せていくかの方法。
- 市民が利用しやすいホームページへ全面的にリニューアルする必要がある。
- ホームページの開設目的の洗い直し，住民がいかに利用しやすい，知りたい情報を提供できるように再構築すべきと考えるので，見直し作業の中で目的と方向性を明確にし，徐々にではあるが機能（内容）を充実させていきたい。
- 内容は何を掲載するか（どこまで）。

・内容の充実。
② インターネット利用者数の限定，情報格差（デジタル・ディバイド）に関して
　・当該住民の中で，インターネット活用者が少なく利用者の限定（普及率の低さ）：17自治体
　・インターネット・ユーザーの増加策（ネット接続できると多くの情報が入手できるが，ネットに接続できないとわざわざアクションを起こさないと入手できない点）。
　・情報を伝達するツールが増えたが，インターネットを利用できない人にとっては，情報を全く見ることができないこと。
③ 人員・予算等体制の不十分に関して
　・平成8年の開設以来殆ど更新してない（広報誌，掲載部分は除く）ので，内容が陳腐化している。ホームページを更新できる技術者が不足しており，外注に頼らなければならない。
　・担当職員の不足：7自治体（数・知識の面で）。
　・業務が兼務であるため，時間をかけることができない。
　・インターネット用サーバーを未だ持っていない。提供する情報量，質が限られる。
　・維持するコストの問題：2自治体。
④ 職員の意識に関して
　・職員の情報公開・提供に対する意識向上。
　・サイバー町民制度の充実。担当課（総務，商工観光課）以外の部門では，ホームページの利活用への関心が低い。
　・上層部の認識として，重要度が低い。
　・ホームページを管理する職員の技術向上。
　・職員のインターネットに対する専門的な知識が低い。
　・職員全体での情報の発信についての意識が低い。
　・人材の育成。
⑤ インターネット環境（インフラ）の整備に関して
　・4自治体

⑥ 執務体制に関して
  ・インターネットを含む情報化に関する担当課が明確化されていないため，ホームページの内容の作成，電子メールによる住民の意見や質問への対応等に関して，他自治体と比較すると十分に機能しているとはいえないことなど。
  ・インターネットによる情報公開のため事務量の増加。
  ・全庁的な体制の整備。
⑦ その他
  ・町民間の交流を目的としたページ（売ります・買います）が業者に利用されているだけ。匿名の投稿が多く，対応の是非に困っている。
  ・ウィルスの問題。

　課題への意見を集約すると，「内容，更新の充実」，「インフラ環境の整備」，「利用者の限定」，「担当可能な職員（技術的にも，仕事量的にも）の限定性」などが，主要な意見として浮かび上がってくる。これらは並行して存在している課題と思われる。これらのハードルをクリアしていくためには，庁内の意識変革，活用体制の充実が切に望まれよう。しかし，そのアクションをどこが起こすのか，首長のリーダーッシップなのか，広報広聴主管課なのか，それとも行政改革推進室系部署なのか。内部にこのことを危機感として捉える人を多数作っていくことが重要である。その中から，例えば，広報部門を中心とした各課横断的なインターネット活用委員会を創設して，課題解決を図るのも1つの方策であろう。また，その際住民もメンバーの一員として加えるなどすると，受け手のニーズが把握しやすくなり，より効果的な活用が期待できる。要は自治体側の姿勢にかかっている。

4．岩手県内自治体の現状(2)
　　～ホームページの観察調査の結果より

　ここでは，これまで同様アンケート調査と共に行ってきた，県内各自治体の

表3-3 ホームページの内容構成 (2000年9月1日～8日にかけて調査)

		1 自治体のあらまし概略（統計データセット等）	2 行政情報①（住民向けおしらせ）	3 行政情報②（公開・透明性確保）	4 行政情報③（政策情報）	5 行政情報④（例規集等）	6 広報紙（誌）掲載	7 地域活性化情報①（観光・イベント）	8 地域活性化情報②（特産品雇用等）	9 地域活性化情報③（企業誘致・工業団地等）	10 地域活性化情報④（求人・就農等）	11 公共施設等の利用・予約	12 外国語による情報提供	13 リンク	14 ホームページ上の情報検索	15 自治体への意見要望聴取欄	16 パブリックコメント制度（政策過程への参加）	17 ホームページへの掲載ルール	18 サイバー住民制度	19 ホームページ内容に対する意見要望欄	20 お便り・伝言板等の掲示板	総合得点
岩手・紫波地区	1 岩手県	○	○	○	○			○	○	○	○		○	○		○	○	○		○	○	17
	2 盛岡市	○	○	○	○				○	○			○	○		○	○	○			○	11
	3 玉山村	○	○					○	○					○				○				9
	4 岩手町	○	○					○	○					○		○		○				8
	5 西根町	○	○					○	○	○				○		○		○			○	11
	6 松尾村	○	○					○	○	○				○		○		○				10
	7 安代町	○	○					○	○	○				○		○		○				10
	8 滝沢村													○	○			○				6
	9 雫石町	○	○				○	○	○					○		○		○			○	10
	10 矢巾町	○	○					○	○					○				○				9
	11 紫波町	○						○		○			○	○		○		○				6
稗和・胆江地区	12 大迫町	○							○		○			○		○		○		○		7
	13 石鳥谷町	○					○		○	○	○	△		○				○	○			7
	14 東和町	○	○											○	○			○		○		12.5
	15 花巻市	○	○				○		○			○	○	○		○		○				9
	16 北上市	○	○						○	○				○				○				6
	17 沢内村	○												○		○		○				4
	18 湯田町	○	○						○	○				○				○				6
	19 金ヶ崎町	○												○				○				5
	20 江刺市	○	○	○					○			○		○		○		○			○	11
	21 水沢市	○	○											○				○				7
	22 胆沢町	○												○				○				5
	23 前沢町	○	○											○				○				5
	24 衣川村	○												○				○				5

第3章 岩手県域自治体を対象とした第3回(2000年)調査

	7	12.5	8.5	8	7	8	9	9	6	7	9	7	8	3	7	13	12	8	8	8	7	5	6	11	7	7	6	9	7	8	12	8	9.5	8	6	8	
	○			○		○				○	○	○		○		○					○			○	○	○					○	○		○	○		26
	○			○	○	○											○		○							○											11
																									○												2
○	○	○			○		○	○	○					○	○	○	○	○	○	○		○		○	○	○	○	○	○	○	○	○			○	○	51
														○																						3
	○					○				○				○			○				○											○				19
		△																													△					6
○	○	○	○	○	○	○	○	○	○	○		○	○	○	○	○	○	○	○	○	○	○	○	○	○	○	○	○	○	○	○			○	○	○	55
	○			○										○			○												○			○	○			17
△														○																	△					5
	○	○														○						○														9
○	○	○		○	○	○				○						○			○	○				○		○		○	○	○						27
○	○		○	○	○	○	○	○	○	○	○		○	○	○	○	○	○	○	○	○	○	○	○	○	○	○	○	○	○	○	○	○	○	○	57
○	○	○	○	○	○	○	○	○	○	○	○	○	○	○	○	○	○	○	○	○	○	○	○	○	○	○	○	○	○	○	○	○	○	○	○	60
		○	○	○			○	○		○		○				○				○	○	○	○	○	○	○				○						32
																																				1
														○																						3
	○														○	○													○							8
○	○	○	○	○	○	○	○	○	○			○	○	○					○			○		○	○			○	○		○					41
○	○	○	○	○	○	○	○	○	○		○	○	○	○	○	○	○	○	○	○	○	○	○	○	○	○	○	○	○	○	○	○		○	○	58

| No. | 25 | 26 | 27 | 28 | 29 | 30 | 31 | 32 | 33 | 34 | 35 | 36 | 37 | 38 | 39 | 40 | 41 | 42 | 43 | 44 | 45 | 46 | 47 | 48 | 49 | 50 | 51 | 52 | 53 | 54 | 55 | 56 | 57 | 58 | 59 | 60 | 合計 |
| 地区 | 平泉町 | 一関市 | 花泉町 | 藤沢町 | 東山町 | 川崎村 | 大東町 | 千厩町 | 室根村 | 住田町 | 陸前高田市 | 大船渡市 | 三陸町 | 宮守村 | 遠野市 | 釜石市 | 大槌町 | 山田町 | 宮古市 | 新里村 | 川井村 | 岩泉町 | 田老町 | 田野畑村 | 普代村 | 久慈市 | 野田村 | 山形村 | 種市町 | 大野村 | 軽米町 | 九戸村 | 二戸市 | 一戸町 | 浄法寺町 | 安代町 | |

両磐・気仙地区 / 上・下閉伊地区 / 九戸・二戸地区

ホームページの内容を観察調査することによって，実際の現状と問題点を明らかにする。

表3-3は，2000年9月1日から8日にかけて，県内全自治体のホームページを実際に観察することによって確認したその含まれる内容の一覧である。○は確認した項目，△は不十分ながら関連項目があるもの，空白は全く確認できなかったもの，を示している。

さて各自治体に共通して見られる内容の高い順に示していくと，第1位「地域活性化情報①観光・イベント」(60自治体，100％)，第2位「自治体の概略」(58自治体，96.7％)，第3位「地域活性化情報②（特産品等）」(57自治体，95.0％)，第4位「リンク」(55自治体，91.7％)，第5位「ホームページへのメールアドレス掲載」(51自治体，85.0％) というものであった。

この5つの項目は，その中での順位変動はあるが，いずれも前回調査でも同様に見られたものであり，現状において自治体がまず何よりもこういった情報を欠かせないと認識していることが分かる。なお「地域活性化情報①観光・イベント」は，今回初めて全自治体で認められた項目である。

一方用意したチェック項目のうち各自治体で見ることが少ない項目は，第1位「行政情報④例規集等」(1自治体，1.7％)，第2位「サイバー住民制度」(2自治体，3.3％)，第3位「行政情報③政策情報」，「政策過程への参加」(共に3自治体，5.0％)，第4位「公共施設等の利用・予約システム」(5自治体，8.3％)，第5位「ホームページ上の情報検索システム」(6自治体，10.0％) という具合であった。

第1位，第3位（「行政情報③政策情報」）はいずれも主権者としての住民に説明責任を果たす（＝アカウンティビリティの確保）ための項目であるが，この分野への自治体の対応は未だ積極的ではないということが分かった。

また，この表に示された各項目を多く提供している上位6自治体には，それがいかなる理由によるものなのか，後日改めてヒヤリングを行った（うち4自治体から回答を得た）。4自治体中，結果として最も提供項目の多かった岩手県（20項目中17項目）においては，「首長のリーダーシップの発揮」，「担当課のリーダーシップの発揮」，「他部門（部，課）の要望」という3つの回答を寄せた。

次に多かった一関市（20項目中12.5項目）は「担当課のリーダーシップ」を理由に挙げ，また花巻市（同じく20項目中12.5項目）は「首長のリーダーシップの発揮」と「担当課のリーダーシップの発揮」，「その他」を挙げた。3位の軽米町（20項目中12項目）は，「首長のリーダーシップの発揮」，「担当課のリーダーシップの発揮」を挙げた。

　これら回答から浮かび上がるのは，充実したコンテンツを提供していくためには，少なくとも「首長のリーダーシップの発揮」と「担当課のリーダーシップの発揮」が欠かせないということである。前者の点について言えば，現岩手県知事がいわゆる「改革派」知事として，行政全般に積極的に手をつけていることと無縁ではないはずである。その文脈で新しいコミュニケーション・ツールを活用した広報活動にも着目するのは，自然な流れである。また，もう1つの顔である政治家の側面としてのパフォーマンスという点でも，インターネットの活用は合致している。これは第4章で明らかにされるように，他の「改革派」知事を擁する自治体は，いずれもインターネット活用先進県でもあることからも明白である。岩手県のホームページの充実は，そのこととかつ，「担当課（広報部門）のリーダーシップの発揮」の相乗効果の賜物ということが言えよう。この点他の自治体は，様々な面で吸収する余地がある。

　さらに必然的とも言えるが，上位自治体は他の自治体よりも相対的に多く行政透明化目的の情報や政策情報を，あるいはまた政策形成過程への情報や自治体への意見を求める項目を多く提供していることが明らかとなっている。

5．第3回調査における活用課題

　以上岩手県内自治体のインターネットを利用した広報活動について，その調査結果を明らかにしてきた。今回は5年3回にわたる調査のひとまずの締めくくりとして行ったものだが，これまでの調査を通して見るならば，明らかに第1回調査時よりは第2回調査時，第2回調査時よりは第3回調査時の方がインターネットに対する自治体側の認識が大きく高まっていることが強く感じられた。

また，実際のインターネットの具体的活用の実態もまだ十分とは言えないものの，行政と住民の距離を縮める方法としての活用が徐々に増えてきていることも実感された。しかし，第2段階もかなり進行している現在，なお第3回調査時においても，第1回調査時から指摘し続けている「行政情報の公開・提供」，「新たな行政参加のチャンネル」，「インターネット活用の条件」といった諸課題が，厳然と課題として存在していることは留意されなければいけない。

　またこれと関連して，一部インターネット活用の先進自治体とそうではない消極的な自治体とでは，その内容，活用方法に大きな隔たりが出てきていることもまた確かである。その意味では，今後自治体間格差がさらに強まる可能性が大きいものと危惧される。

【注】

1）因みに総務省編『情報通信白書平成13年版』ぎょうせい，2001年，によれば，最も新しいインターネット利用者数は，4,708万人となっており，衰えるどころかなお加速する勢いである（同書4頁）。

2）なお，参考までに2001年7月3日現在では，1,894サイト，1,787団体が開設している（http://www.nippon-net.ne.jp）。

3）橿原市情報公開室のアドレスは，http://www.city.kashihara.nara.jp/jyoho/index1.html。またこれに関する記述として，山崎貴浩「電子メールで情報公開」『地方自治コンピュータ』地方自治情報センター，2000年2月号。

4）自治体のホームページにおける例規集の公開については，さしあたり石井良一・名取雅彦・小林慎太郎『電子自治体経営イノベーション』ぎょうせい，2002年，251-253頁を参照。そこで著者は，「今日，行政のあり方が問われている中で，こうした自治体の基礎を定めているルールを共有することが重要である」（253頁）と述べているが，全く同感である。

第4章

補論 都道府県自治体を対象とした調査(1998年)
―― インターネット上の'開かれた自治体'に
　　対する自治体の意識に焦点をあてて ――

1. 自治体におけるインターネットの活用動向

　昨今のインターネットの各方面への急速な普及は自治体行政においても例外ではなく，それは端的に自治体によるホームページの開設ラッシュという形で表れている。筆者は2年ほど前(1996年)から住民の行政過程への新しい参加ルートの1つとしてインターネットの普及に強い関心を寄せてきたが(第1章，第2章)，この間の開設数の増加には目を見張るものがある。現在までに既に都道府県レベルでは全ての開設を見ており，また市町村レベルでも1,000を超えている[1]。特に後者の数字は2年前と比較して約3倍の伸びを示しており，市町村へも急速に浸透していることが窺える[2]。

　この状況を見る限り，もはや現段階では自治体がインターネットを活用すること，なかでもホームページを開設することそれ自体に目新しさは無くなっていると言ってよい。このことは，じきに開設の目新しさだけでホームページを訪れる人がいなくなり，自治体の提供する内容そのもの(つまりは，魅力あるコンテ

ンツ）が問われてくることを意味していよう。さらには，そこから最終的に自治体がインターネットを活用することの意義が問われることになろう。

このように自治体のインターネット活用が新たな段階[3]を迎え，次なる課題に直面する中で，その点を克服する興味深い動きが最近いくつかの自治体で見られ出した。具体的には，'開かれた自治体'を目指して，ホームページ上で当該住民に対し，その種の内容を提供しようとする試みがある。これらの動きは，自治体のホームページといえば地域外向けの情報発信（専ら観光・特産品情報等）や，当該住民向けにしてもお知らせ型広報に偏りがちであったものに対し，従来の広報イメージを覆す問題提起型広報や行政透明化を目的とした行政情報の公開・提供などといった積極的な広報活動の試みの数々である。またそこからは，連動する形で政策立案への参加を目的とする手段としてインターネットによる広聴活動を活性化させる自治体も現れ始めている。

さて本章では，このようなインターネットを活用した広報活動の新しい動向に対し，現時点で自治体の側がどのような認識を持って受け止めているのか，1998年（平成10年）に行った都道府県レベルの全国アンケート調査の結果を基に検討を加えることにする。

2．インターネット上の'開かれた自治体'

自治体によるインターネットの活用が，専らホームページの開設という形で行われていることについては周知の通りである。ところで，この運営が自治体のどの部門で担われているかというと，内容面に関しては広報広聴部門がその多くを担当している。因みに技術面に関しては，情報化関連部門が関係しているところもある。このことから自治体のホームページ（なかでも内容に関する限り）は，（広義の）広報活動の一環として理解することが自然である。この点実証的にも広報広聴主管課で多く担われていたことは，序章で既に見た通りである。

では，自治体広報活動の一環として行われる'開かれた自治体'に向けたインターネット上の活動とは，どのようなものを指すのであろうか。この点に関す

る理解のために，まず'開かれた自治体'という用語を説き起こすことから始めたい。

(1) '開かれた自治体'

現在では，'開かれた自治体'もしくは'開かれた政府'といった用語はマスコミ等でも頻繁に使用され，既に一般的な用語として認知されているといっても構わない。しかし，その用語の意味するところとなると明確にはされておらず，使用する側に専ら委ねられているのが実情である。筆者の理解というのは，概ね次のようなものである。

すなわち，'開かれた自治体'とは，一言で言えば，文字通り開放性の豊かな自治体を意味する。ただし，ここでいう'開かれた'という語句には，2つの含意がある。1つは，行政過程の透明性が確保され住民が知りたい情報にアクセスできるシステムが用意されていることである。つまりは行政と住民との情報共有という視点である。2つめは，行政過程への住民参加の機会が確保され，政策形成を中心とする政策過程（具体的には政策形成と政策評価の各過程）にその意思を反映させるシステムが用意されていることである。

従って，結論としては，行政情報へのアクセスと政策過程への住民参加が確保されている，言うなれば行政過程の民主化を実現している自治体が'開かれた自治体'ということになる。

このような理解を踏まえた上でのインターネット上の'開かれた自治体'とは，さしずめインターネットで様々な行政情報の入手が可能で，一方政策過程に住民の意思反映の手段が用意されている（広義の）広報活動を展開している自治体のことである。ただし，この行政情報に関しては，もう少し掘り下げる必要がある。

ここでいう行政情報とは，いわゆるお知らせ型行政情報だけを想定するものではない。それは，森田朗が説明するところの「自治の担い手としての市民にとって必要なのは，あくまでも行政に参加し，自治体の運営を行うために必要とされる市民情報」[4]という性質を備えた行政情報でなければならない。従って，このような性格を有する行政情報は，先の2つの含意の後者の行政過程への参

加の前提として必要とされる行政情報と理解される。

　以上のことから，インターネット上の'開かれた自治体'の輪郭が一定程度掴めたことと思われる。このような'開かれた自治体'を実践しようとしている自治体では，広報・広聴主管課（およびその活動自体）に従来の定型的組織（および定型的仕事＝ルーチン・ワーク）を基礎から覆す大きな変革（＝広報活動のイノベーション）をもたらしている。

(2) 具体的な試みの例[5]

　それでは次に，現在インターネット上の'開かれた自治体'の試みとして，どのようなものが見られるのか簡単に触れておく。

(2)－1．行政情報へのアクセス

　まず，先に筆者が'開かれた自治体'に含まれるとした２つの含意の１つ行政情報へのアクセスという点から見ていく。

　この試みの多くは，いわゆる昨今世間を賑わした食糧費の不正支出等を始めとする一連の行政機関の不祥事が発端となっていると筆者は理解している（時期的に呼応しており，またそれが単なる偶然とは思われないこと）。この不祥事を契機として住民の信頼を失墜させた自治体側が，行政過程の透明化を図る一環（＝信頼回復の手段，なおかつそれをアピールする効果を目的として）としてインターネットを活用した広報活動に注目するようになったものと考えられる。

　従って，その意味では観光情報や特産品情報に偏向した自治体ホームページの現状を，自治体自らが憂えて危機意識から内容の刷新を試みた結果，このような新しい試みが生まれ出たものではないと言えよう。それは，信頼回復のための止むに止まれぬ事情（ということは不祥事が露見しなければ，このような試みは当然ながら遅れていたに違いない）がインターネットを活用した広報活動に結びついたというのが現実的な理由であろう。

　しかし，いずれにせよ結果としてそれが'開かれた自治体'の一助として結びつくのであれば，住民側にとって歓迎すべきことには違いないはずである。

主な具体例としては,「食糧費等の執行状況」,「旅費の執行状況」,「知事交際費の執行状況」,「記者発表資料」等をホームページ上で掲載する事例が見られる。このいずれをも実施している,その点で最も進んだ自治体の1つと言える岩手県の事例を紹介するならば[6],「食糧費等の執行状況」の場合,各部局の総括表と課別の支出表によりその執行状況の概略が月単位で,「知事交際費の執行状況」の場合には,項目別の支出状況が月単位で公開・提供されている。岩手県でこの他興味深い試みとしては,パブリック・コメントに即した情報提供や,一般職である県保健福祉部長の交際費についてもその執行状況が掲載されていること等が挙げられる。この種の試みが,今後特別職に止まらず一般職の幹部にまで波及していくのかどうかその行方が注目される。

また,この分野の試みには,これまでその密室性がつとに指摘されてきた審議会等の諮問機関における議事録や資料の公開・提供などもある。先の岩手県の場合だと,公文書公開審査会の議事録が掲載されている[7]。この点,現時点で最も進んでいると思われるのは東京都で,ホームページで「審議会等の動き」欄にアクセスすると膨大な議事録等が閲覧可能である[8]。

さらに行政情報ではないが広く公共情報として眺めるならば,自治体の議決機関すなわち地方議会においても最近インターネットを活用した情報提供が目立っている。例えば,普段我々住民の目には触れにくかった議会の本会議や委員会の議事録が公開・提供されていることなどが挙げられる[9]。

おおよそ以上がその具体的事例として見られるものであるが,これらの試みに対して全く問題がないわけでもない。公開・提供の範囲や情報提供の方法については,まだ改善の余地がかなりある。特に情報提供の方法については,生の情報をただ掲載しても住民側は素人なので当然のことながら理解し難い。この点について,先にも引用した森田は,「市民が受け取る自治体についての情報は,市民のことばでかかれた"市民情報"に加工されていなければならない。"行政情報"そのものへのアクセスが可能でなければならないことはいうまでもないが,市民が自治体行政に参加し,さらに主体となって市民自治を実現していくためには,市民が容易に理解でき,評価できるような形に情報が加工されていなければならないといえよう。」[10] と述べているが,それはいわゆる情報公開制

度と広報活動との大きな相違であって，この点インターネットによる情報提供の場合にもあてはまる。

(2)-2. 行政過程への住民参加

次に筆者が'開かれた自治体'に含まれるとしたもう1つの含意である行政過程への住民参加という点に関して，その具体的事例を見ていく。

現在この種の試みとしては，ホームページ上で個別政策課題や自治体行政全般に対する意見，感想を求めるものなどが一般的である。電子メールのアドレスを付すもの，予めアンケートのフォーマットが用意され，それに書き込んで送信するものなどが見られる。これらは，いずれもインターネットの特性である双方向性に目を向け住民の意見を聴取することを目的しており（フィードバック機能)，その点では従来の広報領域一辺倒の内容を広聴領域にも広げるものとして評価できる。

だが，実際にはホームページの多様な内容の中で，二次的もしくは付け足し的な印象を受けるものも多く存在している。この点については，より実質的な形で，例えば政策形成過程への住民参加の手段として活用することなどが求められよう。なかには，少しずつではあるが，先述のパブリック・コメント制度への活用などそのような試みも出始めている。

第2章でも触れたところだが，改めて特に著名な事例として知られるものだけを紹介すると[11]，神奈川県大和市の都市計画マスタープランの策定過程における市民参加手段としての活用がある。これは1995年（平成7年）に行われたものであるが，そこでは，インターネットを住民参加手段として新たに組み込むことで，従来の意見聴取の機会設定と比較して階層性の点で豊かになったこと等がその効果として示されている。

また，神奈川県鎌倉市でも1998年（平成10年）の都市マスタープランの策定に際し，住民参加の機会が設定された。さらに東京都知事の私的諮問機関「生活都市東京を考える会」でも，住民参加の機会がインターネットを活用し設けられた。この他神奈川県藤沢市では，開かれた市政と市民の参加を目的として市民電子会議室「電縁都市ふじさわ」が現在開設されている。

行政過程への住民参加なかでも政策形成過程におけるインターネットを活用した住民参加の試みは，今後徐々に増加していくものと思われる。この手法が一般化（＝制度化）していく過程で，例えば，足立英一郎が指摘するように，実際どういった形でインターネットによる住民の意見が政策に反映されたのかという事後評価に関する点が次なる課題として浮上してこよう[12]。また，これも課題の1つであるが，この住民参加手段としての活用は，当然政策形成過程に限定されるものではない。政策評価の過程においても同様の活用が考慮されてよい。

いくつかの大きな課題は存在しているにせよ，ひとまず行政過程への住民参加という点におけるインターネットを活用した'開かれた自治体'の試みが，どういうものであるのか理解し得たはずである。それは，従来の広聴活動のイメージを一新するものであり，広報活動自体のイノベーションにも繋がり得る画期的な試みということが理解できよう。それは筆者の言い方をすれば，住民参加手段としての広聴活動ということになる。いずれインターネット上では，特に住民参加と広聴活動の言葉としての使い分けが困難になってくる（＝無意味になっている）ものと思われる。

それでは，このような自治体のインターネット活用の新しい動向に対して，現状では自治体はどのような認識を持っているのであろうか。次項では，これまでの岩手県内の調査の範囲を超えて，都道府県レベルのアンケート調査の結果から，その意識を測ることにする。

3．インターネット上の'開かれた自治体'に対する自治体の意識
～全国都道府県アンケート調査の結果より

（1）アンケート調査の概要

このアンケート調査は，最近見られるようになってきたインターネット上の'開かれた自治体'に向けた広報活動の試みに対する自治体側の意識を把握することを目的として，「新しい参加ルートとしての自治体インターネット～全都道

表4−1　調査の概略

調査期間　1998年7月上旬〜7月中旬
調査方法　調査票郵送方式
調査対象　全国47都道府県
調査対象別回収率

	回収自治体数	各自治体数	回収率(％)
都	1	1	100.0
道	1	1	100.0
府	2	2	100.0
県	40	43	93.0
計	44	47	93.6

府県アンケート調査」というタイトルで行ったものである[13]。

　なおこのアンケート調査は，1998年(平成10年)7月6日付で全国47都道府県に向けて実施し，配布・回収とも郵送法によった。回答基準日を同年7月5日に設定し，一応の回答期限を7月24日に設定した。この日までに未回答の自治体については改めて返送を促し，最終的には全47都道府県のうち44都道府県から回答が得られた。特段無効と見なす回答は見られず，有効回答率は93.6％であった（表4−1）。この回答率はこの種のアンケート調査にしては，極めて高い数字である。

　なお，この調査は第2章の調査と時期的に一致しており，その比較相違が関心の対象ともなっている。

(2) アンケート調査の結果

　調査は'開かれた自治体'に関する広報活動の部分の他にも，自治体のインターネット活用について広範に質問を行った。

(2)−1. 前提的理解

a. 開設時期

　まず前提的理解として，都道府県のホームページの開設時期を見ておく。既に都道府県レベルにおいて全て開設済みであることは述べた通りだが，ではいつ頃開設されたのだろうか。この点について訊ねてみたところ，図4−1のような

図4－1　開設数の伸び

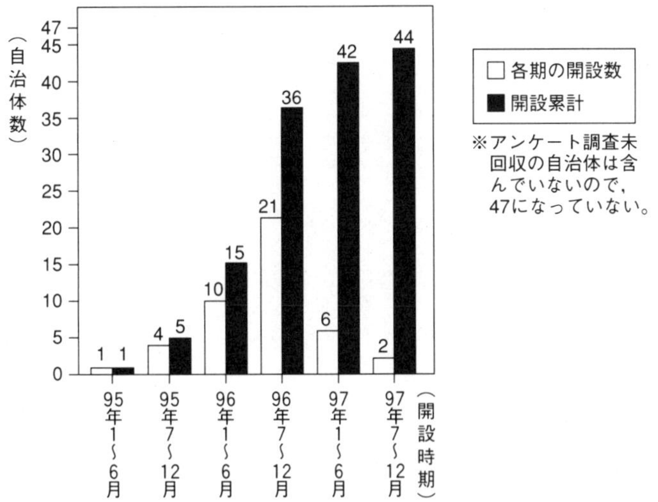
（自治体数）
47
45
40
35
30
25
20
15
10
5
0
1 1
4 5
10 15
21 36
6 42
2 44
95年1～6月
95年7～12月
96年1～6月
96年7～12月
97年1～6月
97年7～12月
（開設時期）
各期の開設数
開設累計
※アンケート調査未回収の自治体は含んでいないので，47になっていない。

調査結果が得られた。

これによれば，都道府県レベルにおいては，95年5月に開設されたのが最初である。以降96年下半期に開設が最も集中し，97年11月の開設をもって都道府県全ての開設をみることが分かる。

b. 開設目的

ホームページの開設目的を訊ねてみたところ，「1.（狭義の）広報及び広聴手段」と答えた自治体が36自治体（81.8％），「2.（狭義の）広報手段」と答えた自治体が7自治体（15.9％），「3.広聴手段」が0，「4.その他」が1自治体（2.3％）という結果であった（図4－2）。

約8割の自治体が「1.（狭義の）広報及び広聴手段」と捉えていることは，インターネットを双方向のコミュニケーション・ツールとして認識していることが示された。

この点は，岩手県域レベルの自治体群と対照すると，意識のレベルはかなり高いところにあることが分かる。これは都道府県と市町村の差違と捉えがちだが，実際には小規模自治体でも姿勢によって変わり得るのであって，そういう見方は一面的である。

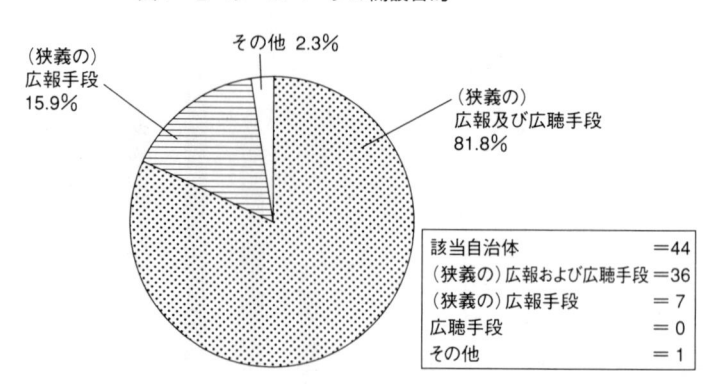

図4−2 ホームページの開設目的

（狭義の）広報手段 15.9%
その他 2.3%
（狭義の）広報及び広聴手段 81.8%

該当自治体　　　　　　　　＝44
（狭義の）広報および広聴手段＝36
（狭義の）広報手段　　　　　＝ 7
広聴手段　　　　　　　　　＝ 0
その他　　　　　　　　　　＝ 1

(2)−2.（狭義の）広報活動に関する設問

次に上記の設問で「広報」を含んで回答した自治体（43自治体）には，インターネット上の広報活動について質問を行った。

a. 他の広報手段との評価

先の設問で「広報」を含んで回答した自治体（43自治体）には，他の広報活動のツールとの比較評価を訊ねてみた。結果は，「1. 比較して機能的価値がとても高い」と答えた自治体が6自治体（14％），「2. 比較して機能的価値はやや高い」と答えた自治体が13自治体（30.2％），「3. 同程度」と答えた自治体が8自治体（18.6％），「4. 比較して機能的価値がやや低い」と答えた自治体が11自治体（25.6％），「5. 比較して機能的価値がとても低い」が0，未回答が5自治体（11.6％）であった（図4−3）。

これを見ると，4割強の自治体が，明確に他の広報活動のツールよりもインターネットを高く評価していることが分かる。一方明確に低い評価を与えた自治体は，2割半の自治体に止まっており，このことからインターネットは，広報活動のツールとして一定の機能的評価が与えられていると判断してよい。

図4−3 他の広報手段との評価

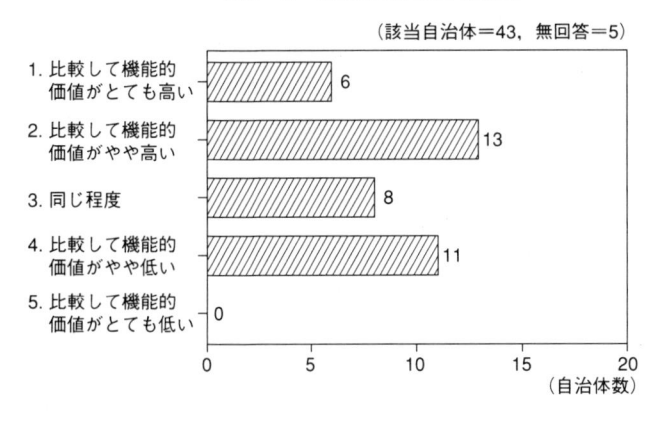

(該当自治体＝43，無回答＝5)

1. 比較して機能的価値がとても高い　6
2. 比較して機能的価値がやや高い　13
3. 同じ程度　8
4. 比較して機能的価値がやや低い　11
5. 比較して機能的価値がとても低い　0

(自治体数)

b. 広報の具体的目的

同様に「広報」を含んで回答した自治体に，その具体的な目的について訊ねてみた［複数回答］。結果は，「1. 観光客誘致等のまちおこし，地域活性化を念頭に置いた地域情報発信」と答えた自治体は28自治体（65.1％），「2. 自治体から当該住民等への情報提供やお知らせ」と答えた自治体が41自治体（95.4％），「3. 行政過程の透明化を念頭に置いた行政情報の公開・提供」と答えた自治体は10自治体（23.3％），「4. その他」は0というものであった（図4−4）。

この結果に見られるように，「1. 観光客誘致等のまちおこし，地域活性化を念頭に置いた地域情報発信」，「2. 自治体から当該住民等への情報提供やお知らせ」

図4−4 広報の具体的目的

(該当自治体＝43，複数回答)

1. 観光客誘致等のまちおこし，地域活性化を念頭に置いた情報発信　28
2. 自治体から当該住民等への情報提供やお知らせ　41
3. 行政過程の透明化を念頭に置いた行政情報の公開・提供　10
4. その他　0

(自治体数)

といった回答が多くを占めるだろうことは，これまで公にされてきたいくつかの調査結果などからも容易に予想されるものであった。

しかし，ここで注目したいのはその点ではなく，「3. 行政過程の透明化を念頭に置いた行政情報の公開・提供」という回答項目である。これは，筆者がまさに本章のテーマである'開かれた自治体'に対する自治体の意識を把握したいがために用意した項目に他ならない。そして，それに回答したのが，10自治体（23.3％）認められた。果たして，この数字をどのように理解するべきであろうか。

第1章，第2章で見てきた岩手県域レベルの自治体調査では，この種の類いの設問に肯定的に答える自治体は非常に数少なかったはずである。その点からすると，この都道府県での回答結果は，希望的に見ることもできそうであるが，議論の余地はあろう。

これまで「地域情報発信」や「お知らせ型行政情報」の類いがホームページのほとんどを占め，この種の'開かれた自治体'を意識した内容を置く自治体が極めて少ないことが指摘されてきたのは，周知の通りである。従って，このような状況から都道府県レベルでは一定の自治体が，それを広報目的として認識するに至ったと捉えるならば，この数字は肯定的に評価でき得る。しかし一方で，全体から見て未だ2割強の都道府県においてしかそのように認識されていない状況を強調するならば，なお否定的に評価せざるを得ない。この点は，今後の増加していくことを期待しながら，その推移を見守るほかないだろう。

c. 行政透明化の具体的方法

さらに「3. 行政過程の透明化を念頭に置いた行政情報の公開・提供」を選んだ自治体にはまた，その具体的な方法としてどのようなことを行っているのか自由に記述してもらった。

挙げられた項目としては，「食糧費の予算執行状況の公開，提供」，「県庁改革の取り組みについて掲載」，「知事交際費の公表」，「公文書公開審査会議事録の公表」，「知事記者会見録の掲載（即日）」，「行財政改革大綱の掲載」等であった。

大体現在までのところ先進自治体で見られる具体的な方法というのは，こういった程度であろう。さらに目立った試みを回答に寄せた都道府県は見られな

かった。なお，上記の事柄を提供していても，その提供の範囲（幅，奥行き）でまた姿勢の程度が表れてくることは言うまでもない。

d. 行政透明化の契機

続けて，その行政透明化の一環としての具体的な実施が，一連の食糧費等の不祥事，行政不信がきっかけになっているかという質問もしてみた。「1.はい」と答えた自治体は3自治体（30％），「2.いいえ」と答えた自治体は6自治体（60％），「3.ノーコメント」と答えた自治体が1自治体（10％）という結果であった（図4－5）。

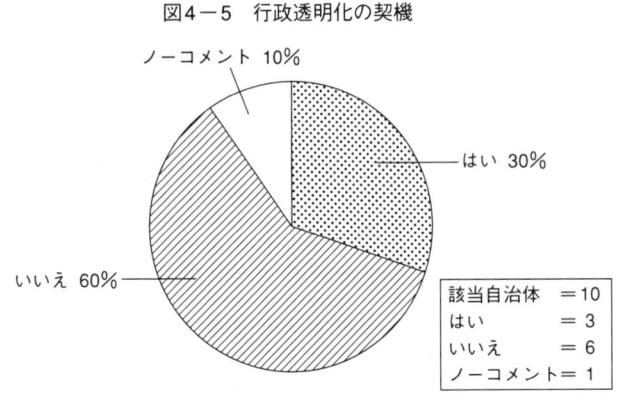

図4－5　行政透明化の契機

ノーコメント　10%
いいえ　60%
はい　30%

該当自治体　＝10
はい　　　　＝3
いいえ　　　＝6
ノーコメント＝1

この明確に認める自治体が3自治体に止まった結果は，明確にそれを認めることは自治体の沽券に関わるという意識が強いからではないかと推測される。しかし，市民オンブズマンの活動やマスコミ等の報道で全国で自治体の不祥事がいくつも明らかになって以降，インターネット上の広報活動においてこの種の試みが見られるようになってきたのはまた確かであり，それを単に偶然とみるのは不自然である。

e. 行政透明化手段としての定着

（狭義の）広報活動に関する設問の最後に，これを含んで回答した自治体全て（43自治体）に，「インターネットが今後行政の透明化のための行政情報の公開・提供手段として，定着していくと思うか」という質問を行った。結果は，34自治体（79.1％）が「1.そう思う」と答え，「2.思わない」と答えたのは1自治

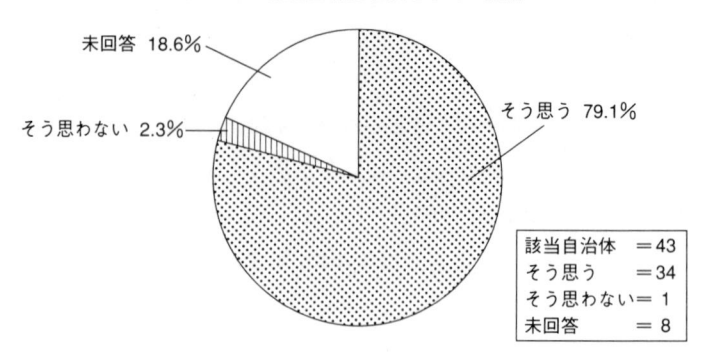

図4－6　行政透明化手段としての定着

未回答　18.6%
そう思わない　2.3%
そう思う　79.1%

該当自治体　　＝43
そう思う　　　＝34
そう思わない＝ 1
未回答　　　　＝ 8

体（2.3％）のみであった。なお未回答が8自治体（18.6％）あった（図4－6）。

　この結果からは，現在は行政透明化のための手段として，インターネットの活用は目的としないしまた行ってはいなくても，今後そうなっていくだろうという点についてはほとんどの自治体がそのように予測していることが認識され興味深い。

(2)－3. 広聴活動に関する設問

　今度は，(2)－1「前提的理解」の「開設目的」の設問で「広聴」を含んで回答した自治体（36自治体）に対して，インターネット上の広聴活動に関する質問を行った。

a. 広聴活動の目的

　まずその具体的な広聴活動の目的を訊ねてみた［複数回答］。結果は，「1.自治体行政全般への意見聴取」と答えた自治体が29自治体（80.6％），「2.ホームページを見た感想等の意見聴取」と答えた自治体が24自治体（66.7％），「3.政策過程への参加」と答えた自治体が12自治体（33.3％），「4.その他」が4自治体（11.1％）という結果であった（図4－7）。

　ここで注目したい点は，「3.政策過程への参加」という項目である。これも先の広報活動の具体的な目的についての回答項目「行政過程の透明化を念頭に置いた行政情報の公開・提供」と同じく，本稿のテーマである'開かれた自治体'に対する自治体の意識を把握するために用意した項目である。約3割の自治体が「政策過程への参加」を広聴活動の目的として挙げているが，これは筆者に

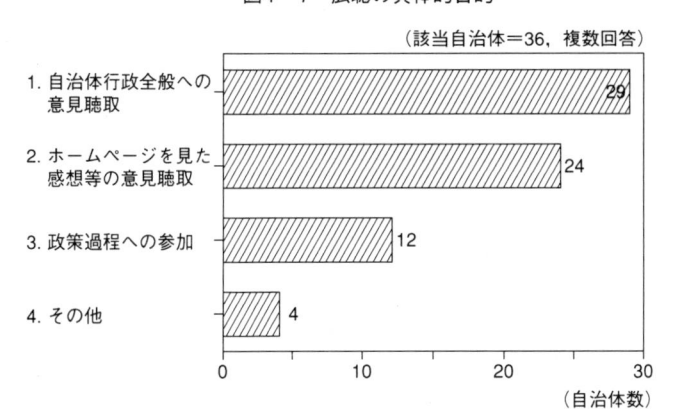

図4-7 広聴の具体的目的

(該当自治体=36, 複数回答)

- 1. 自治体行政全般への意見聴取　29
- 2. ホームページを見た感想等の意見聴取　24
- 3. 政策過程への参加　12
- 4. その他　4

(自治体数)

とってはこの時点で予想外に多い数字に感じられた。

　また興味深いのは，先の広報活動の具体的な目的のところで，「行政過程の透明化を念頭に置いた行政情報の公開・提供」を挙げた自治体の半数（5自治体）が，この広聴活動の目的で「政策過程への参加」と答えていることである。5自治体までがそうであることから，偶然とは考えにくい。これら自治体は，'開かれた自治体'の主要な要素をなす'情報へのアクセス'と'住民参加'の相互の重要性を強く認識しているものとして評価されてよい。

b. 他の広聴手段との比較評価

　続いて「広聴」を含んで回答した自治体には，他の広聴活動のツールとの比較評価を訊ねてみた。結果は，「1. 比較して機能的価値がとても高い」と答えた自治体が4自治体（11.1％），「2. 比較して機能的価値はやや高い」と答えた自治体が7自治体（19.4％），「3. 同程度」と答えた自治体が13自治体（36.1％），「4. 比較して機能的価値がやや低い」と答えた自治体が7自治体（19.4％），「5. 比較して機能的価値がとても低い」と答えた自治体は0，未回答が5自治体（13.9％）というものであった（四捨五入のため，100％になっていない）（図4-8）。

　これを見る限り，「3. 同程度」を挙げる自治体がやや多いものの，全体的にばらついていることが分かる。現時点においては，その広聴ツールとしての評価が分かれているわけだが，これは例えば双方向性といったようなそのツールの特性を生かした活用を行っているかどうかによっても評価は割れてくるものと考えら

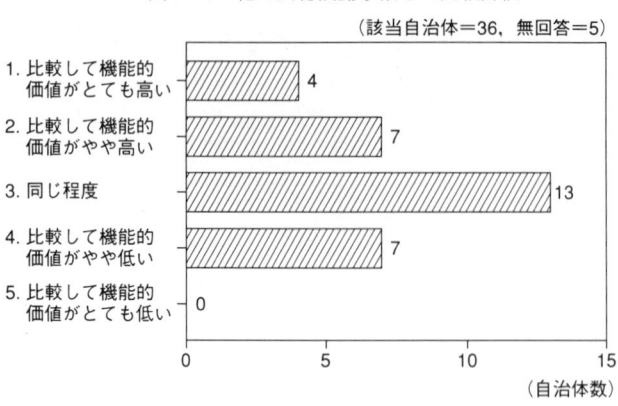

図4－8　他の広聴活動手段との比較評価

（該当自治体＝36，無回答＝5）

- 1. 比較して機能的価値がとても高い　4
- 2. 比較して機能的価値がやや高い　7
- 3. 同じ程度　13
- 4. 比較して機能的価値がやや低い　7
- 5. 比較して機能的価値がとても低い　0

（自治体数）

れる。

c. 新しい行政参加手段としてのインターネット広聴

　さらに，「広聴」を含んで回答した自治体に対しては，このインターネットを利用した広聴活動を「住民の新しい行政参加手段として位置づけているかどうか」についても訊ねてみた。結果は，「1. はい（位置づけている）」と答えた自治体が19自治体（52.8％），「2. いいえ」と答えた自治体は0，「3. 広聴活動ではあるが行政参加手段とまでは考えない」と答えた自治体は15自治体（41.7％），未回答が2自治体（5.5％）という結果であった（図4－9）。

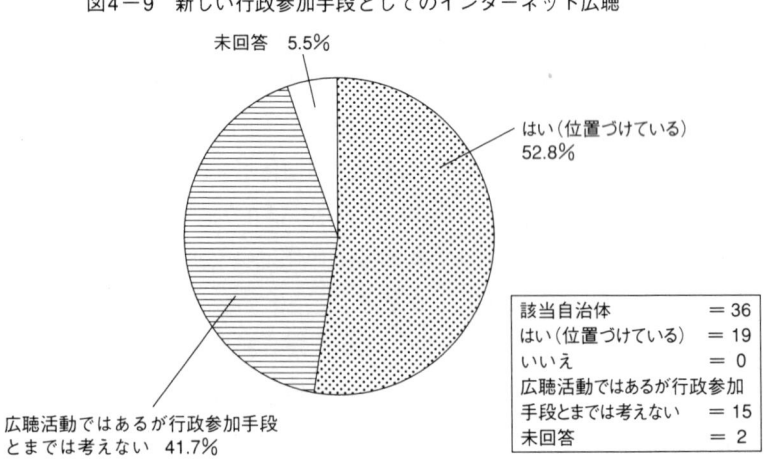

図4－9　新しい行政参加手段としてのインターネット広聴

- 未回答　5.5％
- はい（位置づけている）　52.8％
- 広聴活動ではあるが行政参加手段とまでは考えない　41.7％

該当自治体	＝36
はい（位置づけている）	＝19
いいえ	＝0
広聴活動ではあるが行政参加手段とまでは考えない	＝15
未回答	＝2

約半数の自治体が，住民の新しい行政参加手段として位置づけていることになる。この数字は，先の「広聴活動の目的」のところで約3割の自治体が「政策過程への参加」を具体的目的として挙げていたことと同様に，筆者にはかなり高い数字である印象を受ける。というのは，その割には実際の活用となると，それほど目立ったものが少ないという現実との乖離からかもしれない。「2. いいえ」を挙げた自治体が見られなかったが，広聴活動の本来の意味からして，これを否定するにはその絶対的根拠に欠けるということなのだろう。

d. 今後採用予定の具体的方法

またアンケートの回答を寄せた全自治体（44自治体）に対して，今後採用する予定のインターネット上の広聴活動の方法があるかどうかについて訊ねてみた。予定が「1. ある」自治体が24自治体（54.5％），「2. ない」自治体が16自治体（36.4％），未回答の自治体が4自治体（9.1％）という結果であった（図4－10）。

具体的な方法として多く挙がっていたのは，電子メール，ホームページ上のア

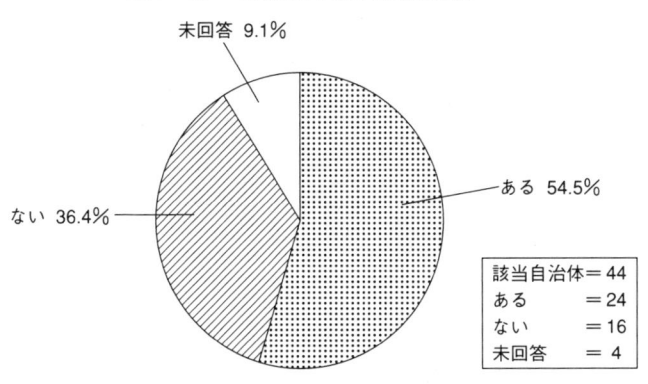

図4－10　今後採用予定の具体的方法

未回答 9.1%
ない 36.4%
ある 54.5%

該当自治体＝44
ある　　＝24
ない　　＝16
未回答　＝ 4

ンケート，電子会議室，メーリング・リストなどであった。また，これらの多くは，政策過程への住民の参加を目的として利用を考えているものであった。この点は，インターネット上の'開かれた自治体'を展開していく上で期待の持てる回答となっている。

e. 広報と広聴のバランス

同じく回答を寄せた全自治体には，広聴活動に関する設問の最後にインターネットにおける広報と広聴のバランス（配置）をどのように考えているか訊ねてみた。結果は「1. 広報が圧倒的に主体」と答えた自治体が24自治体（54.5％），「2. 広報がやや主体」と答えた自治体が11自治体（25.0％），「3. 半々」と答えた自治体が5自治体（11.4％），「4. 広聴が圧倒的に主体」「5. 広聴がやや主体」はそれぞれ0で，未回答が4自治体（9.1％）あった（図4－11）。

この結果からは，広報主体の傾向が認められた。これはインターネットに限らず，そもそもの広報広聴のバランスの偏重に帰するものなのか，あるいはインターネットの特性を考慮した結果なのか。もしくはその双方を含むものなのであろうか。この点については，改めて別途考察が必要とされる。

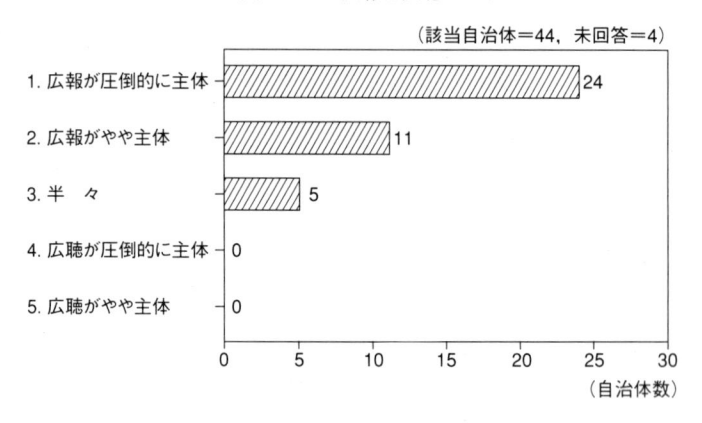

図4－11　広報と広聴のバランス

（該当自治体＝44，未回答＝4）

1. 広報が圧倒的に主体	24
2. 広報がやや主体	11
3. 半々	5
4. 広聴が圧倒的に主体	0
5. 広聴がやや主体	0

（自治体数）

(2)－4. 目的とする対象

ここでは，アンケートに回答を寄せた全自治体（44自治体）に対して，目的とする受け手への方向性を訊ねてみた［いずれも複数回答］。

a. 主たる対象地域

主たる目的とする受け手の対象地域を，どこに置いているのか訊ねてみた。「1. 当該自治体」が40自治体（90.9％），「2. 含まれる地方」が13自治体（29.6％），「3. 日本全国」が38自治体（86.4％），「4. 外国」が24自治体

図4-12 主たる目的とする対象地域
(該当自治体数=44，未回答=1，複数回答)

1. 当該自治体　40
2. 含まれる地方　13
3. 日本全国　38
4. 外　国　24
5. その他　1

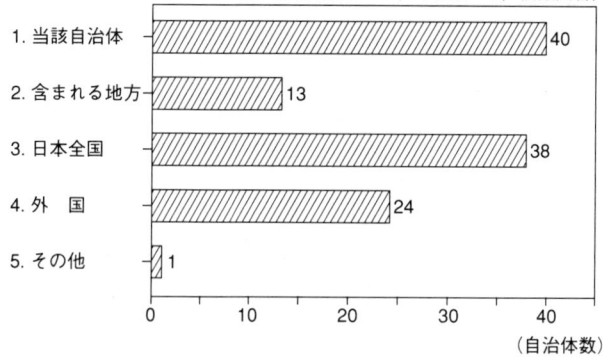

（自治体数）

(54.6％)，「5.その他」が1（2.3％），未回答が1（2.3％）という結果であった（図4-12）。

b. 優先順位

次に，その優先順位を訊ねた。最も優先する対象地域としては，「当該自治体」を挙げる自治体が36自治体（81.8％），次は「日本全国」で5自治体（11.4％）という順番であった。

都道府県レベルでは，圧倒的に当該自治体を最優先とする自治体が多いことが分かった。これまで見てきた岩手県内自治体の調査結果では，いずれも地域外を優先する順位付けが常態化していたが，現時点では都道府県と市町村レベルとの比較では，大きな相違が見られる。しかし，この場合それだけを対比した捉え方は，先述のように無意味である。

(2)-5. 自治体のインターネットに対する意識

ここでも，アンケートの回答を寄せた全自治体（44自治体）を対象に質問した。

a. 行政参加ルートとしてのインターネットの今後

インターネットが，今後住民の行政参加のルートとして定着していくと思うかどうかについて訊ねてみた。結果は，「1.定着していくと『思う』」と答えた自治体が38自治体（86.4％），「2.思わない」が答えた自治体が2自治体（4.5％），

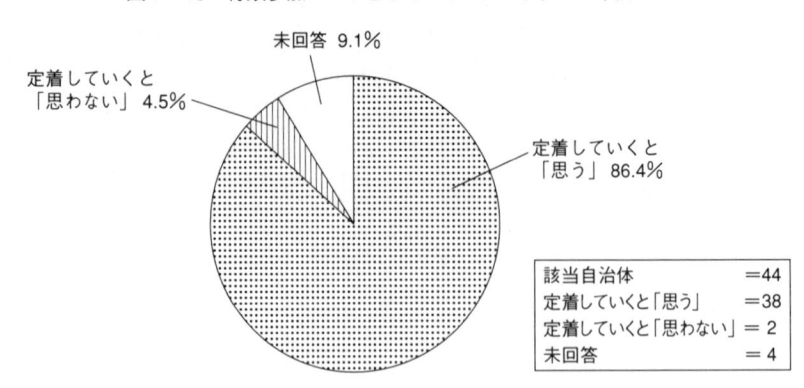

図4－13　行政参加ルートとしてのインターネットの今後

未回答 9.1%
定着していくと「思わない」 4.5%
定着していくと「思う」 86.4%

該当自治体	＝44
定着していくと「思う」	＝38
定着していくと「思わない」	＝ 2
未回答	＝ 4

未回答が4自治体（9.1％）であった（図4－13）。

　この結果を見る限り，現段階ではこのような活用はそれほど活発ではないものの，今後の展開については期待し得る数字が示されている。なお「2.思わない」を挙げた自治体のその理由としては，「家庭内のインターネット接続環境が現状のままでは，定着していくとは思われない」，「利用者が限られるため」というものであった。これらは，住民側の基盤整備がそれほど思ったようには進展していない現状から，悲観的な回答が導き出されたものと推測される。

(2)－6．自治体側の課題

　アンケート調査の最後に，当該自治体のインターネットを使った自治体広報活動の今後の課題は何ですか，という設問を施し，自由に記述してもらった。
　なかでは，「新鮮な（リアルタイムな）情報の更新」を挙げる自治体が圧倒的に多く，以下「職員の情報リテラシーの向上」，「情報内容の充実」，「県民の側のインターネット接続の推進（受け手のインターネットの普及）と基盤整備（通信回線の高速化等）」，「情報検索システムの提供」といった回答が比較的多く挙げられていた。
　個々の課題に苦慮する自治体の現状が明らかにされたが，本章のテーマに照らして興味深い点は，この「情報内容の充実」を挙げる自治体の具体的内容として，「行政情報の公開」を意識した回答や，「インターネットを活用した広聴

活動(いわゆる住民参加と言われているものを含む)の実施」を記すものがあったことである。これらは,いずれも筆者が規定するところのインターネット上の'開かれた自治体'に備えられるべき基本要件として挙げられるものであり,このような回答は今後に期待を繋げるものである。

4. 都道府県アンケート調査結果から見た活用課題

　以上アンケート調査の結果について,個々にコメントを付す形で検討してきた。最後にこのアンケート調査全体を見て受けた印象から,今後のインターネット広報活動を展開していく上で設定されるべき'開かれた自治体'に向けた課題を記しておく。
　アンケート調査の結果を一通り見渡して受ける全体の印象は,新たな段階に入って模索する都道府県自治体の姿である。筆者の推測では,従来のやり方では通用しなくなってきていることは十分認識しながらも,次なる展開という点では未だ躊躇しており,他の自治体の出方を窺っているというのが現状ではないかと思われる。なおこの苦悶する姿は,アンケート調査の一番最後の設問の回答に端的に示されている。
　この点に関しては,いくつかの先進的な試みを行っている自治体が,今後他の自治体の牽引的存在となって全体的に普及していくのか興味が持たれるところである。
　とはいえ'開かれた自治体'を目指していく上で,このようなインターネットという新しいコミュニケーション・ツールを活用した新しい試みを先進自治体に追従するだけでなく,それぞれの自治体自らが開拓していくことが望ましいことは言うまでもない[14]。
　自治体がインターネットを利用して広報活動を行うことは,「任意」の行政施策である。しかし,「任意」であるからこそ,その実自治体の住民に対する姿勢が最も表れると言ってよい。そこが本書全体を貫く筆者の関心の原点でもある。その点からも,既存の広報活動とも組み合わせた有機的なインターネット広報

の活用を切に望むものである[15]。

【注】
1）これは、自治省他が運営している自治体検索のホームページNippon-Net（http://www.nippon-net.ne.jp/index.html）の「自治体マップ検索」に登録されている開設数を単純に数えたものであり、精度的にはそれほど高くない点に留意する必要がある（因みにこの数字は、98年7月13日現在）。その理由は第1章 注7）に同じ。

　なお、日経産業消費研究所の全国調査に拠れば（97年10～11月実施）、現在までに47都道府県と755市区町村の合計802自治体がホームページを開設しているとされる（日経産業消費研究所編『前掲書』、24頁）。

2）これは、1）に紹介したNIPPON-Netの「自治体マップ検索」に登録されていた自治体が、96年9月の時点では、およそ340自治体であったことを基に算出したもの。なお先の日経産業消費研究所の調査では、前回調査時（310自治体）から1年間で2.6倍（802自治体）に増えていることが明らかにされている（日経産業消費研究所編『前掲書』、24頁参照）。このことからも、その急速な浸透ぶりが察せられよう。

3）昨今よく見られるこの種の記述の一例を示せば、例えば、足立英一郎はこの自治体インターネットの展開過程を、「わが国自治体のインターネット活用は、すでに『導入期』を過ぎ、『成長期』にあるといってよい。」という表現で述べる（足立「前掲論文」、32頁）。

4）森田朗「自治体における情報化」西尾　勝編『自治体の情報政策』学陽書房、1989年、6頁。ただし、森田の想定する'開かれた自治体'は、「このような<u>"市民情報"を適切に市民に提供し、あるいはそのような情報に市民が自由に接近できるような仕組みを形成することが、いいかえれば、開かれた自治体をつくること</u>が、市民参加、そして市民自治の実現にとっては大切なのであり、現在進行している自治体における情報化は大いにその可能性を開くものと思われる。」（下線部分は筆者による。森田「前掲論文」、6～7頁）と述べるように、情報へのアクセスという点に限定したものと思われ、筆者が理解するような住民参加の機会の確保にまでは踏み込んでいないようだ。

　なお、筆者と用語法の理解が異なるものの、この点に触れているものとして、廣瀬克哉「情報技術と行政事務」西尾勝・村松岐夫編『講座行政学第5巻業務の執行』有斐閣、1994年（特に233-235、245頁）。

5）この2項は、第2章と部分的に重複している箇所があることを予めお断りしておく。

6）それぞれのアドレスは、次の通り。「食糧費等の執行状況」（http://sv01.office.pref.iwate.jp/syoku/）、「知事・副知事の交際費の執行状況」（http://www.pref.iwate.jp/~hp0101/kousai/）、「保健福祉部長の交際費」（http://www.pref.iwate.jp/~hp0351/f6.HTM）。なおホームページ上の食糧費の公開・提供は、高知県が最初であった。具体的事例として、次の各ホームページも参照。高知県（http://www.pref.kochi.jp/~zaisei/shoku/bunsho.htm）、福岡

県（http://www.pref.fukuoka.jp/info/c0290101.htm），三重県（http://www.pref.mie.jp/SISHUTU/index.htm）。福岡県を除いては，いずれも改革派知事といわれる県のホームページであることに注目。全くの偶然とは思えない。

7）アドレスは，次の通り。(http://www.pref.iwate.jp/~hp0103/koukai/shinsakai/giziroku.html)。

8）東京都の「審議会等の動き」のアドレスは次の通り。(http://www.metro.tokyo.jp/INET/KONDAN/KONDAN.HTM)。なお，その1つである東京都臨海副都心開発懇談会（この議事録も上記のアドレスから閲覧可能）の情報公開に関する報告については，清原慶子「前掲論文」『法学研究』第69巻12号，1996年，同「前掲論文」『住民と自治』404号，1996年を参照。

9）例えば，全国の地方議会に先駆けてホームページを開設した埼玉県議会では，定例会および各委員会の議事録を公開・提供している (http://www.pref.saitama.jp/~s-gikai/)。なお，参考までに埼玉県議会のホームページに関する概要については，以下を参照。加藤俊江「前掲論文」『月刊自治フォーラム』第456号，1997年，同「前掲論文」『地方自治職員研修』第31巻7号，1998年。

10）森田「前掲論文」，22頁。同様の言及として，廣瀬「前掲論文」，245頁。当然のことながら，ここでいう「加工」とは，行政側の都合のよいように情報を改竄してしまうことではない。

(11) 以下の具体的事例に関しては，第2章 注10）を改めて参照のこと。

(12) 足立「前掲論文」，39頁。

(13) 調査結果を考察するにあたって，そもそもなぜ都道府県レベルという設定を行ったのか若干の説明を付しておく必要があろう。その理由は，ひとまず都道府県レベルでは現時点で既に全てホームページが開設され，自治体のインターネット活用が確認されていることと，それに加えて，市町村レベルのホームページと内容を比較して，現在までのところでは明らかに都道府県レベルの方が従来から行政情報に関する内容の多いことが明らかにされていることなどが挙げられる（日経産業消費研究所『前掲書』，27頁）。これらの理由から，恐らく市町村レベルよりも，そのような試みが多く認められる（つまり実績を持っている）だろうという仮説を立て，都道府県レベルのアンケート調査の実施を行ったものである。ただし，現時点で結果がそうであっても，大規模な自治体が必ずしも小規模の自治体より進んだインターネット活用を行っていくとは限らない。小さな自治体でも小規模予算，人員でもアイデア次第で大規模自治体を凌駕する展開をインターネットの場合可能にするところが，その特色とも言えるからである。その点は端的に第2章を参照。

14）この点で，宇賀克也によるアメリカにおける電子的情報自由法などの事例を踏まえた電子的な情報提供のあり方（「電子的アクセスの可及的拡充」）に関する議論は有益である。宇賀克也「情報公開時代への自治体の対応」『農』1998年3月号，14～17頁。および改めて，宇都宮「前掲論文」，同編『前掲書』，第3部も参照。

その他，例えば，ホームページ上で条例を閲覧可能にすることなどは，すぐにでも行われてしかるべきものと考える。しかし，筆者の調査したところでは，この現時点において閲覧可能な自治体はかなり少数に属する。その例外として，例えば，滋賀県のホームページがある。そこでは，条例の検索システムが用意され，大方の条例が検索閲覧可能である。詳しくは以下のアドレスをあたられたい。(http://www.pref.shiga.jp/jourei/)

15) この点を考える上で有益なものとして，長沢忠徳の『川崎市調査研究委託日本広報協会：21世紀における戦略的広報～市政情報の的確な提供とイメージアップ推進』社団法人日本広報協会，2000年（共著）作成段階における興味深い発言がある。そこで長沢は，紙媒体の広報紙（誌）には情報の概略を載せ，ホームページにその膨大な原文を掲載することによる媒体の使い分けという趣旨のことを述べたのだが，筆者も全く同感である。また同報告書では，「情報鮮度」ということにも触れている。それは，広報の場合もちろん新しい情報の提供が必要であることはいうまでもないが，新聞などと異なり鮮度の落ちた情報がイコールもう必要のない情報とは限らないという趣旨の意味である。その際インターネットは，そういった過去の広報資料の蓄積性のある書庫的存在となり得るということである。詳細は，同報告書，39～42頁を参照。

| 終 章

インターネットを活用した自治体広報活動に関する課題と展望

1. 結論

　以上 5 年間 3 回にわたり実施してきた岩手県域レベルを対象とした自治体の実態調査，およびそれに加え補足調査として実施した全国都道府県レベルの意識調査，都合 4 回の調査に関して，それぞれ多面的に検討を加えてきた。ここでは，まず冒頭で示した問題設定について，これまでの調査検討から得られた結論を示しておきたい。

　第 1 点めの新しいコミュニケーション・ツール＝新しい広報・広聴ツールとしての自治体のインターネット活用に関する時系列的変化について。

　この点に関しては，全国的には見てきたように，1993年(平成 5 年) 3 月に熊本県で初めてホームページが開設されて以来，1998年(平成10年) 7 月までに全都道府県での開設が確認された。また，岩手県域レベルの自治体においては，1995年(平成 7 年)12月に花巻市で初めてホームページの開設を見て以来，2000年(平成12年) 8 月に浄法寺町で開設されるに至り，全県市町村の開設を確認し

た。

　この間ホームページの活用に関しては，都道府県，岩手県内市町村を問わず同様の経過を辿っている。最初に開設初期では，広報領域に関する活用に偏った傾向が見られる。すなわちまず地域活性化，地域情報の当該地域外への情報発信といった目的から運用が始まっているのである。これを第1段階とすると，次にしばらくの運用経過を経て，広報領域で当該住民をも対象とした情報が付け加えられるといった内容の変化が起こる。これが第2段階といわれるものである。そこではまた広聴領域にも目が向けられるようになり，一定の広聴に関する内容も加えられるようになる。この他活用方法もホームページに限定されず，メーリング・リストや電子会議室といったものの活用を試みる自治体が出現する。

　さらに時間的経過を経て，今度は域外住民と同様もしくはそれ以上に当該自治体住民に力を入れた内容の変化が見られるようになる。そこでは，広報領域では単なるお知らせ情報以外にも，問題提起型広報，あるいは行政透明化を推進するための情報やパブリック・コメント制度に資するための情報提供といった大きな内容の変容が起こる。また，一方広聴領域では，これまでの単なるホームページにアドレスを付すという形に止まらず，広聴活動全般に対して専用のフォーマットを用意したり，ある課題に関して意見を募集したりといった活用，さらにはパブリック・コメント制度の参加機会としての広聴領域の活用といった——インターネットの特性である双方向性を生かした——，いわば「住民参加としての広聴活動」が見られる。これらは，筆者が繰り返し述べている（広義の）広報活動に一定のイノベーションを促し得るものと考えられる。

　以上が本調査研究の終わりまでに見られた傾向であり，第2段階の中盤期つまり2000年までの状況である。その意味でこの段階は質的にも量的にも充実する時期となっている。

　ただし，これは一般的傾向を示すものであって，この段階においてもなかにはなお地域活性化・地域情報の域外発信を中心とする自治体が一定程度存在するのも確かであり，その点一様ではないことに留意する必要がある。

　この傾向はまた，本調査時点では都道府県を中心に，大規模自治体から中小規模自治体に向かい波及しているかのように見える。しかし，これは単に現象

として認められるだけであり，決して小規模自治体が率先して当該住民中心の内容を展開できないということを意味するものではない。この点，事実小規模自治体でも当該住民に充実した内容を提供している自治体がいくつも確認されている。

　第2点めとして，ホームページの活用が当たり前となり，自治体の各課がそれぞれにホームページを開設し出すと，広報広聴主管課は自分の課および全体の構成のみに活動が限定され，いずれ他課とほぼ同じレベルとしての一課としてしか役割を見いだすことができず，徐々にその役割が減少していくのではないか，という危惧に関して。

　この点正直なところ広報広聴主管課の意識次第では，そうなりかねない危機を有していると言える。だがしかし，一方その危機をチャンスとして広報広聴主管課を他課よりも一段上の全課の（広義の）広報活動のコーディネート（＝総合調整）機能を果たす部門として認識させることも可能なのではないかと筆者は考えている。それは第3回調査結果（第3章）で，「広義の広報部門がホームページの内容に関して情報提供基準などトータルな面で総合調整的な役割を担っているかどうか」という質問をした際，その時点で既に3割もの自治体が「担っている」と答えた結果にも表れている。これは1つの期待を寄せることが可能な数字ではないだろうか。どの自治体でもこのような総合調整的役割を担っていくことができれば，広報広聴主管課の役割は縮小するどころかより大きなものとなろう。

　楽観論に過ぎると受け取られるかもしれないが，このことはまたインターネット活用の次元に止まらず，将来的には他の広報広聴媒体においても，広報広聴主管課が総合調整的な役割を担っていくという「（広義の）広報活動のイノベーション」に繋がるものではないかと考えている。

　第3点めのホームページのような最新の広報・広聴ツールの活用に関し，「首長のリーダーシップ」，あるいは「広義の広報部門の姿勢」によって自治体間の格差が生じてくるのか，また活用先進自治体を県域内に持つところでは，他の近隣自治体にも同様の好ましい相乗効果を波及させ得るか，という点に関して。

　この点について，まず「首長のリーダシップ」については，明確に認められ

る。これは第3回調査（第3章）の補足調査でホームページの内容が充実していた上位4自治体から得たヒヤリングの結果において，うち3自治体が「首長のリーダーシップの発揮」を挙げていたことにも表れているし，また第4章の全国都道府県調査において，いわゆる「改革派」知事を擁する自治体は，いずれもインターネットの活用に関し積極的な取り組みを行い，先進的役割を果たしていた。このことからも「首長のリーダーシップ」は，必須の条件であるということができる。これは，また一方で「政治家」としての顔を持つ首長としては，格好のパフォーマンスの「場」であることに起因しているとも言えよう[1]。しかし，そのことはまた，首長の交代により広報活動に大きな影響が起こり得ることをも示している。その意味からも，普段からの（広義の）広報部門の積極的リーダーシップは不可欠である。

　関連して，もう1つの「（広義の）広報部門の姿勢」という点であるが，これも同様の補足ヒヤリングにおいていずれもの自治体が，「担当課（＝広報部門）のリーダーシップの発揮」を挙げていたことからもその充実には欠かせないものであることが認められる。この2点の相乗的な強弱の表れが，自治体間格差を及ぼしているものと考えられる。

　他方近隣自治体への好ましい相乗効果に関する点については，明確な傾向を認めるには至らなかった。

　第4点めの，過疎・高齢化を抱える自治体に新しい（広義の）広報ツールとしてインターネットを加える意味合いについて。

　この点に関しては，第2回調査（第2章）まで，過疎・高齢化を抱える自治体において，明確にインターネットを活用することの否定性を掲げてホームページを開設しない，という自治体が認められたが，第3回調査では，結局全自治体においてもホームページの開設すなわちインターネットの活用が認められた。この点をどのように考えるのかは微妙である。他自治体の活用の流れに飲み込まれてしまったのか，それとも独自のインターネット活用の意義を見いだしてホームページの開設に至ったのか，という点である。

　後者の立場に立つと考えれば，過疎・高齢化の自治体だからこそ，インターネットによって自治体へのアクセシビリティを高め得る（＝デジタル・オポチュ

ニティの側面に期待した）という判断によるものであろう。しかし，その実現のためには，当然インフラ整備，お年寄りへのパソコン講習といった様々なそれによって生ずる問題が大きいことも確かである。いずれの自治体もが，かつてマスコミで話題となった富山県山田村のようにはいかないのである（第1章。同村に至っても，近年お年寄りがパソコンを活発に活用しているという話は聞かれない）。この点をいかに克服していくかが，自治体側に問われてこよう。

　筆者の見解では，ことさらそういった自治体では，インターネットを活用する必要はないのではないかと考えている。従来の扱い慣れた広報（例えば紙媒体など）・広聴（電話やファックス）の形態をより高齢者向けに対応することなどの方が急務であろう。

　また一方，過疎化の進む自治体でインターネットを活用する意義があるのかどうかも熟慮を要する問題である。この2つの点に関しては，これまでの繰り返しになるが，くれぐれもインターネットは広報・広聴ツールの1つに過ぎないことを忘れるべきではない。過度の期待は禁物である。他の既存の広報・広聴ツールとの併用，使い分け，あるいは重層性をより高めていくことこそが，自治体の（広義の）広報活動に求められている第一義の本務である。

　第5点めのインターネットを新しい広報ツールに加えることによって，自治体の広報部門はどのように変化を及ぼし得るのか，という点について。

　この点は既に結論の第2点めで解答が出ている。変化がない自治体が一方で明確に存在していく中で，他方インターネット，IT化を上手く活用する（広義の）広報部門においては，新たな役割を担うことに成功し，部門全体の活性化に寄与すること（＝広報活動のイノベーション）が可能であることを改めて指摘しておく。

2．課題

　結論で指摘した点の他，筆者が最も重要なこれからの課題として考えているのは，第3回調査の自由記述にも表れていた，インターネット利用者の拡大，お

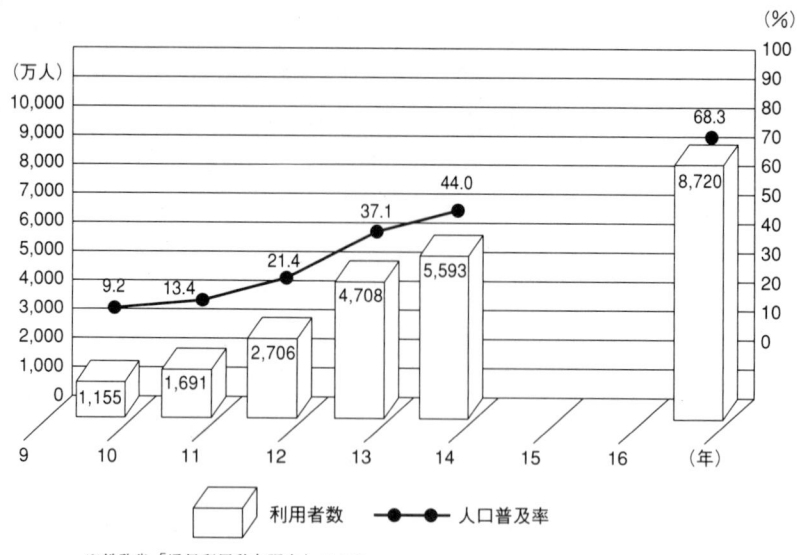

図終-1　インターネットの人口普及状況

年	利用者数(万人)	人口普及率(%)
9	1,155	—
10	1,691	9.2
11	2,706	13.4
12	4,708	21.4
13	5,593	37.1
14	—	44.0
16	8,720	68.3

※総務省「通信利用動向調査」による。
出典）総務省編『平成14年版情報通信白書』（ぎょうせい，2002年），4頁。

よび情報格差（デジタル・ディバイド）の解消という点である。この両者の課題は，ハードとソフトに関するインフラ整備の問題として1つに言い表すことも可能であろう。

　確かにインターネット利用者は，明確に増加し続けている。そのことは，最新の『平成14年版情報通信白書』で，「平成13年末における我が国のインターネット利用者数[注1]は5,593万人（対前年比18.8％増）と推計され[注2]，1年間で885万人の増加を示し，人口普及率[注3]は44.0％となっている。（中略）平成17（2005）年には，インターネット利用者は8,720万人に達するものと見込まれている[注4]。」2)（同書4頁）と記述されていることからも理解できよう（図終-1）。

　しかし，ここではなお，それでも一方で享受されない人々が2人に1人いるという現実を課題として指摘しておくべきであろう。公共・民間施設等へのインターネット端末の拡充や（図終-2, 3），情報リテラシー習得のための機会確保といったハードルを低くする手段を自治体側は早急の課題として講じることが求められている。

終章　インターネットを活用した自治体広報活動に関する課題と展望　147

図終-2　住民が電子化された行政サービスの利用に当たって使用したいと考える
　　　　インターネット接続端末

	自宅のパソコン	学校・職場のパソコン	PDA	携帯電話・PHS	キオスク端末	操作が簡単な情報端末	現在の端末は使いたくない	その他
全体	30.6	14.4	2.6	20.2	12.7	16.9	1.5	1.1
20～29歳	32.2	18.6	4.2	25.4	10.2	7.6	—	1.7
30～39歳	32.7	22.0	2.0	24.9	10.7	7.8	—	—
40～49歳	33.0	21.2	0.6	23.5	11.2	10.1	—	0.6
50～59歳	31.0	14.7	3.3	20.6	10.1	17.6	1.6	1.0
60歳以上	27.9	6.8	2.7	15.0	16.8	25.9	3.2	1.8

「電子自治体の動向に関する調査」による。
出典）総務省編『前掲書』，56頁。

図終-3　キオスク端末を利用したい場所

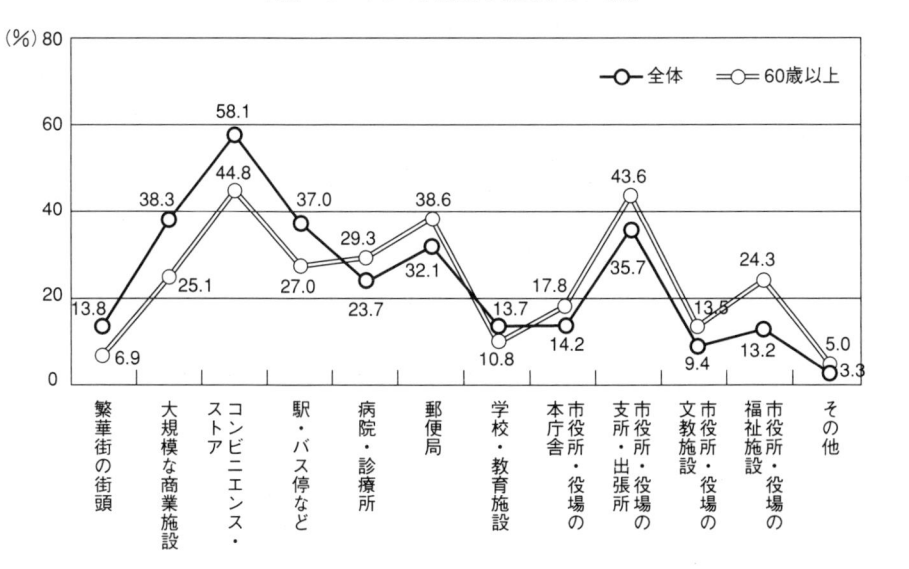

場所	全体	60歳以上
繁華街の街頭	13.8	6.9
大規模な商業施設	38.3	25.1
コンビニエンス・ストア	58.1	44.8
駅・バス停など	37.0	27.0
病院・診療所	29.3	23.7
郵便局	38.6	32.1
学校・教育施設	13.7	10.8
市役所・役場の本庁舎	17.8	14.2
市役所・役場の支所・出張所	43.6	35.7
市役所・役場の文教施設	13.5	9.4
市役所・役場の福祉施設	24.3	13.2
その他	5.0	3.3

「電子自治体の動向に関する調査」による。
出典）総務省編『前掲書』，56頁。

次に，残された研究課題として指摘しておかねばならないことは，これが筆者自身の本調査研究の最大の欠点ともいえる点なのだが，一方的に自治体側の意識（それも広報広聴部門に限定された）と，およびその現状からのみ調査検討を行い，地方自治における本来の担い手であるところの住民のインターネット広報に関するニーズ，意識等の調査検討を行っていないことである。この点が行われていれば，自治体側と住民側双方の意識比較など興味深い分析が可能となり，本書の中身をさらに厚みの深いものにし得たに違いない。だが現状では，残念ながら筆者の独力による住民側への広範なアンケート調査など大掛かりな調査は，断念せざるを得なかった。この点は今後の自身の課題として受け止めると同時に，自治体やシンクタンク等の機関による意識調査などの結果を待ちたい[3]。

また，岩手県域に限らず他の都道府県域レベルの時系列的な比較調査や，アメリカを始めとするインターネット先進国における同様の調査研究等も今後の避けられない課題として存在している。

3．展望

課題では，自治体のインターネット活用に関するインフラ整備の重要性，緊急性を指摘した。しかしながら筆者は，自治体の抱える問題に照らして十分に多面的な検討が必要であるという留保をつけながらも，一方でインターネットという新しいコミュニケーション・ツールが活用次第では，大きく自治体の（広義の）広報活動を好ましい意味で変える可能性を秘めていると考えている。

終章執筆の現時点（2003年3月）でもなお，自治体のインターネット活用は進展しており，これまでと同様にNIPPON-Netにアクセスしてみると，2003年（平成15年）3月31日現在で，登録サイトが2,460，登録団体が2,350となっている（ただし，特別区，事務組合を含む）。

また『平成11年版通信白書』では，日本の情報通信メディアが世帯普及率で10％に達するまでの所要期間が示されている（図終－4）。それに拠ると，電話

終章　インターネットを活用した自治体広報活動に関する課題と展望　*149*

図終-4　我が国における主な情報通信メディアの世帯普及率10%達成までの所要時間

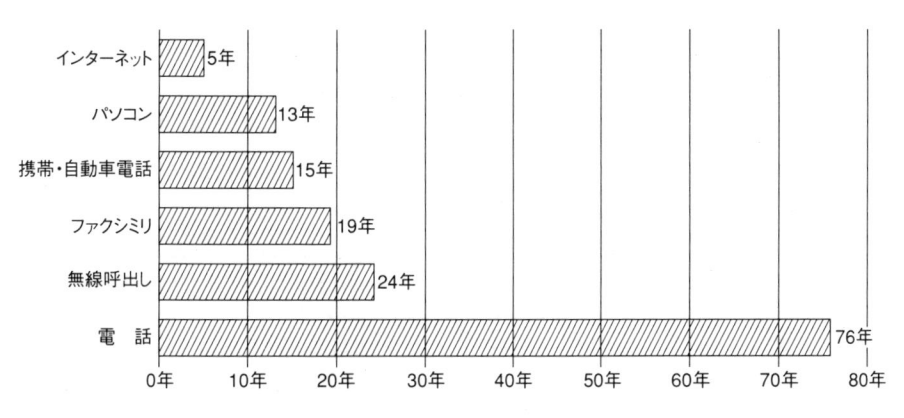

インターネット	5年
パソコン	13年
携帯・自動車電話	15年
ファクシミリ	19年
無線呼出し	24年
電話	76年

「通信利用動向調査」（郵政省）等により作成。
出典）郵政省編『平成11年版通信白書』（ぎょうせい，1999年），2頁。

が76年，ファックスが19年，自動車・携帯電話が15年という期間を要しているのに対し，インターネットはわずか5年でそれを達成しているのである[4]。これらの点からも，それがかつて80年代にもてはやされた「ニューメディアの時代」[5] と同様の単なる一過性のブームに終わるものとは思われない。

　最後に，繰り返し述べてきたように，自治体の（広義の）広報活動というのは，任意の行政施策である。従って，首長を始めとして広報部門，また各課の広報担当者，そして自治体職員全員の姿勢によって，住民に提供されるその活動内容は大きく異なってくる。この点を自治体は，チャンスと受け止めて臨むべきであろう。筆者は，以下に示す図のように（図終-5），情報公開制度，オンブズマン制度，さらには様々な既存の自治体独自の住民参加制度と相互に補完し合いながらも，それぞれの領域に（広義の）広報領域が入り込んでいくというその絶えざる運動こそが，（広義の）広報部門の活動の活性化を促す正しいあり方と捉えている。地方自治の主人公である住民にとって，その方がより利便に供するに相違ないと確信しているからである。以上を筆者の提言として本書を終えることとしたい。

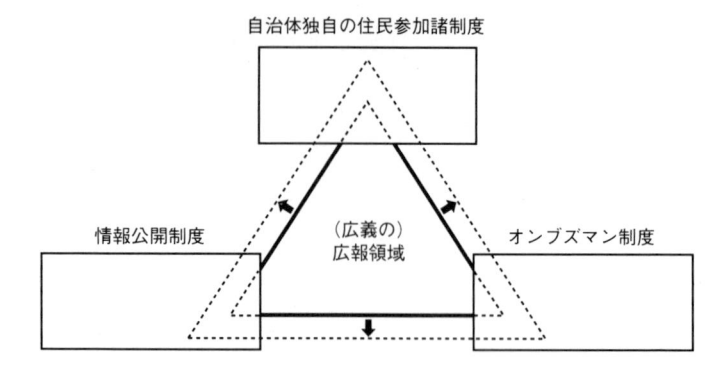

図終-5 （広義の）広報領域の拡大（構想図）

自治体独自の住民参加諸制度

情報公開制度　　（広義の）広報領域　　オンブズマン制度

【注】
1）「首長のリーダーシップや政治性」に関しては，本田弘「行政広報の管理と戦略」『季刊行政管理研究』第81号，1998年，および同『行政広報』サンワコーポレーション，1995年，第1部，また今川晃『自治行政統制論への序曲——住民は何を統制できるか——』近代文藝社，1993年，37〜41頁，同「集団広聴の機能の政治的一側面——行政と住民との関係をめぐって——」『季刊行政管理研究』第38号，行政管理研究センター，1987年，が示唆に富む。
2）総務省編『平成14年版情報通信白書』ぎょうせい，2002年，4〜5頁。白書引用部分中の注については，以下のように説明が付されている（同書4頁）。
　（注1）ここでは「インターネット利用者」を，「インターネット（ウェブまたは電子メールのどちらかのみの場合も含む。）を，自宅・自宅外を問わず，パソコン，携帯電話，携帯情報端末，家庭用ゲーム機，インターネット接続機器を設置したテレビ受像機により利用している人」と定義している
　　平成13年末における我が国のインターネット利用者数の推計手法は以下の通り
　　「通信利用動向調査」での郵送アンケート調査において，自宅の内外を問わず，①パソコン②携帯電話・PHS・携帯情報端末　③家庭用ゲーム機・インターネット接続機器を設置したテレビ受像機のそれぞれからインターネット（ウェブ閲覧または電子メールのどちらかのみの場合も含む。）を利用している人の年代別の比率を集計し，我が国の年代別人口構成比に合うように補正。この比率に平成13年末時点の全国の6歳以上の人口（11,959万人）を乗じ，インターネット利用者数5,593万人を算出
　（注2）平成13年のインターネット利用者数は6歳以上を対象として推計。なお，平成12年のインターネット利用者数は，15歳以上79歳以下，平成11年までの利用者数

終章　インターネットを活用した自治体広報活動に関する課題と展望　　*151*

　　　は，15歳以上69歳以下を対象とした推計であり，前年比較は厳密なものではない
（注3）人口普及率は，インターネット利用者数5,593万人を平成13年時点の我が国の全
　　　人口推計値12,718万人（「我が国の将来推計人口（中位推計）」（国立社会保障・人
　　　口問題研究所，平成14年1月））で除すことにより算出した
（注4）将来推計は平成13年版情報通信白書による（筆者注：句読点を若干変えてある）

3）この点に関して現時点で若干の参考に資するものとして，岩手県における住民意識調査の結果がある。ここで若干紹介しておくと，岩手県では，県民モニターに県の広報活動の意見を聞く中で，インターネットの広報にも触れている（調査時期は，2000年（平成12年）7月22日から28日。調査対象・調査方法は平成12年度銀河系いわてモニター119名，調査紙郵送法による。回答数は97名で回収率は81.5％であった）それによれば，まず県が行っている事業や施策，イベントについて，何から情報を得ているかという設問について（予め用意された回答項目を選択），インターネットのホームページと答えた者は9.3％で，これは11項目中7番目であった。まだ2000年（平成12年）の時点では情報入手ルートとしては，主なものとして認識されていないことが分かる。しかし，前回調査（平成8年）からすると，2.9％から9.3％と大きな伸びを見せており，このような伸び率は他の情報源にはないものであった。現在までのインターネットの爆発的な普及率を考えると，今後の伸びに期待を寄せることが可能であろう。
　次に県の広報媒体として，知っているものの中では，14広報媒体中7番目であった。ちょうど中間に位置しているが，これも前回調査結果（6.7％）から16.5％と飛躍的に伸びている。
　さらに，県が今後力を入れるべき媒体としては，18項目中インターネットは6番目（32.0％）であった。前回調査では約18％であり，これも4年で倍近い伸びを見せており，その間の認知，普及率を端的に示しているものと思われる。特に年齢階層別では，20，30代では3番目（45.7％）であり，今後力を入れるべき広報媒体のトップになっている。県の担当者のコメントにあるように，「60年代以上では20.0％に留まっており，年齢が下がるほど日頃からインターネットに接し，また今後力を入れるべきとする意見を持っていること」が分かる。
　ここからも世代間の階層性による相違，あるいはデジタル・ディバイド等の課題が浮上してくることが分かる。以上は，「平成12年度第2回銀河系いわてモニターアンケート調査報告書［調査課題：県の広報活動について］」岩手県企画振興部広聴広報課，2000年，による。
　この他，高橋眞理子「ユーザーの行政情報ニーズ」『情報の科学と技術』第47巻第12号，1997年も参照のこと。
4）郵政省編『平成11年版通信白書』ぎょうせい，1999年，2頁。
5）「ニューメディアの時代」については，さしあたり田村紀雄編『ニューメディア行政

——地方自治体「21世紀」への地域情報戦略——』総合労働研究所，1984年，兼子仁他編『シリーズ自治体情報政策・情報システム第1巻自治体情報政策の課題と展望』労働旬報社，1985年，同編『シリーズ自治体情報政策・情報システム第4巻広報広聴と情報政策』労働旬報社，1986年など。

付　録

第1回　アンケート調査（1996年）調査票

インターネットを利用した自治体広報活動に関するアンケート調査

（1996年7月22日現在でご回答下さい）

・該当するところに漏れなく○，もしくはご記入をお願い致します。
貴自治体名（　　　　　　　　　　）県　市　町　村
ご記入者部署・職名（　　　　　・　　　　）氏名（　　　　　　　）
電話番号（　　（　　　）　　　（内線）　　）E-mail（　　　　　　）

0. 貴自治体では，現在インターネット（WWWを使った）による広報活動を行っていますか。
　　1. 行っている　　　　　　　　2. 行っていない
　　・「行っている」自治体はすぐ下の**問A**へ，「行っていない」自治体は3枚目の**問B**へ進んで下さい。

問A

1. いつ頃ホームページを開設されましたか。また，ホームページのURLも教えて下さい。
　　19（　　）年（　　）月（　　）日（大体で構いません）
　　ホームページのURL（　　　　　　　　　　　　　　　　）

2. インターネットによる広報活動の活動体制についてお聞きします。
2-1. インターネットによる広報活動は，どの部課で進めていますか。（正式部，課）
　　1. 広報関係（名称：　　　　　　）2. 情報化関係（名称：　　　　　　）
　　3. 企画調整関係（名称：　　　　　　）4. その他（名称：　　　　　　）
2-2. 何名で担当されていますか。（　　　　）名
2-3. 専従で担当されている方はいますか。1. いる（　　　）名　　2. いない
2-4. ホームページの実際の作成（内容ではなく技術的な面の）は誰が行っていますか。
　　1. 自治体職員　　　　　　　　2. ホームページ制作代行会社
　　3. 住民　　　　　　　　　　　4. その他（　　　　　　　　　　）

2-5. 開設のホームページは単独のサイトですか。
　　　はい　　　　　　　　　　　　　　いいえ（上位ページがある）
2-6. 運用・管理はどこが行っていますか。
　　　1. 自治体　　2. 外郭団体　　3. 外注　　4. その他（　　　　　　　　　）

3. 開設の目的についてお伺いします。
3-1. その開設の主たる目的は何でしょう［複数回答可］。
　　　1. 広報及び広聴手段　2. 広報手段　3. 広聴手段　4. その他（　　　　　　）
3-2. 3-1.で「広報」を含んで回答された自治体にお聞きします。その具体的な目的を教えて下さい［複数回答可］。
　　　1. 観光客誘致を中心とした地域情報発信　2. 自治体から住民等への情報提供やお知らせ　3. 行政情報の公開（具体的な公開資料等：　　　　　　　　　　）
　　　4. その他（　　　　　　　　　　　　　　　　　　　　　　　　　　　　）
3-3. 3-1.で「広聴」を含んで回答された自治体にお聞きします。具体的な広聴手段としてどのようなことを行っていますか［複数回答可］。
　　　1. 電子メールによる自治体行政全般のへの意見聴取　2. 電子メールによるホームページを見た感想等の意見聴取　3. ホームページ上で行えるアンケートの実施（具体的に何について：　　　　　　　　　　　　　　　　　　　　）
3-4. 続けて、3-1.で「広聴」を含んで回答された自治体にお聞きします。貴自治体では、「住民の行政参加への新しいチャンネル」という捉え方をされていますか。
　　　1. はい　　　　　　　　　　　　2. いいえ

4. 目的とする受け手への方向性等についてお聞きします。
4-1. 主たる目的とする受けての対象地域をどこに置いていますか［複数回答可］。
　　　1. 当該自治体　　2. 岩手県民　　3. 東北地方　　4. 日本全国　　5. 外国
4-2. 4-1.で複数に○を付けた自治体にお伺いします。その優先順位はどうですか。
　　　第1位（　　）第2位（　　）第3位（　　）第4位（　　）第5位（　　）
4-3. 4-1.で「1.当該自治体」を含んで回答された自治体にお聞きします。当該住民向けのページ作りを何か行っていますか。行っている場合は具体的事例を教えて下さい。
　　　1. 行っている（具体的事例：　　　　　　　　　　　）　2. 行っていない
4-4. ホームページ開設の周知体制について、「1. 当該自治体」だけに○をつけた自治体にお聞きします。開設にあたって、当該自治体住民に対し何らかの周知等を行いましたか。

　　　　1. 行った（具体的方法：　　　　　　　　　　　）　　2. 行っていない
4-5.「1.当該自治体」以外の地域にも○を付けた自治体にお伺いします。その対象地域に向けて何か開設にあたって周知等は行われましたか。
　　　　1. 行った（具体的方法：　　　　　　　　　　　）　　2. 行っていない

5. 提供されている情報の内容について，お伺いします。
5-1. 外国語による情報提供を行っていますか。1. いる（　　　語）　2. いない
5-2. 情報は定期的に更新していますか。
　　　　1. はい（　　）日に1回位　　2. 不定期　　3. その他（　　　　　　　）
5-3. 他のサイトのリンクを貼っていますか。　1. はい　　　　2. いいえ
5-4. 5-3で「1. はい」と回答された自治体にお聞きします。それは次のどのカテゴリーですか。
　　　　1. 県内自治体　2. その他の自治体，行政機関　3. その他（　　　　　　）

6. インターネットを使った広報活動の評価についてお聞きします。
6-1. 広報のツールとして，どの程度満足していますか。
　　　　1. とても満足　　　2. やや満足　　　3. 普通（他のツールと同程度）
　　　　4. やや不満　　　　5. 全く不満
6-2. インターネットを使った自治体広報活動は，今後一般化していくと思われますか。
　　　　1. 思う　　　　　　2. 思わない（理由：　　　　　　　　　　　　　　）

7. 貴団体のインターネットを使った自治体広報活動の今後の課題は何とお考えですか。
　　　　（　　　　　　　　　　　　　　　　　　　　　　　　　　　　　　　）

8. 最後にお聞きします。結局のところ，ずばりホームページで一番伝えたいことは何なのでしょうか。自由にお書き下さい。
　　　　（　　　　　　　　　　　　　　　　　　　　　　　　　　　　　　　）

問B
1. インターネット（特にWWW）を使った広報活動を行う予定がありますか。
　　1. ある（具体的時期：　　　　　　　　　　）　　2. ない

2. 1.で「ない」と答えた自治体にお聞きします。それは何故でしょうか［複数回答可］
　　1. 必要に思わない　　　　　　　　2. 予算的問題
　　3. その方面に明るい人材がいない　 4. その他（　　　　　　　　　　　）

3. インターネットを使った自治体広報活動は，今後一般化していくと思われますか。
　　1. 思う　　　　　2. 思わない（理由：　　　　　　　　　　　　　　）

4. インターネット（特にWWW）を使った広報活動について，何かご意見がおありでしたらご記入下さい。
　　（　　　　　　　　　　　　　　　　　　　　　　　　　　　　　　　）

アンケートへのご協力本当に有り難うございました。

第2回　アンケート調査（1998年）質問票

第2回インターネットを利用した自治体広報活動に関するアンケート調査
（第1回調査でホームページ未開設自治体用）

・1998年7月5日現在でご回答下さい
・該当するところに漏れなく○，もしくはご記入をお願い致します。
・このアンケート調査の結果を含んだ調査報告書の送付を希望されますか。
　　希望する　　　　　希望しない

　　　貴自治体名（　　　　　　　　　）市　町　村
ご記入者部署・職名（　　　　　・　　　　　）氏名（　　　　　　　　　）
電話番号（　　（　　　　）　　　　　（内線　　　　）E-mail（　　　　　　　　　）

0. 貴自治体では，現在ホームページを開設していますか。
　　1. 開設している　　　　　　　2. 開設していない
　　・「開設している」自治体は続けて問Aへ，「開設していない」自治体は3枚目の問Bへ進んで下さい。
　　・こちらでホームページを実際に閲覧し，開設を確認した自治体には，問B票は添付しておりません。

問A
1. いつ頃ホームページを開設されましたか。また，ホームページのURLも教えて下さい。
　　19（　　　）年（　　　）月（　　　）日（大体で構いません）
　　ホームページのURL（　　　　　　　　　　　　　　　　　　　　　）

2. インターネットによる広報活動の活動体制についてお聞きします。
2-1. インターネットによる広報活動は，どの部署で進めていますか。（正式部，課名）
　　1.広報関係（名称：　　　　　　　　）2.情報化関係（名称：　　　　　　　　）
　　3.その他（名称：　　　　　　　　）

2-2．何名で従事されていますか。（　　　　　）名
2-3．専従で担当されている方はいますか。1.いる（　　　　　）名　　　2.いない

3．ホームページ開設の目的などについてお聞きします。[3-2, 4, は，複数回答可]
3-1．その開設の主たる目的は何でしょう（この設問は，一つだけ選んで下さい）。
　　1.（狭義の）広報及び広聴手段　　2.（狭義の）広報手段　　3.広聴手段
　　4.その他（　　　　　　　　　　　　　　　　　　　　　　　　　　　）
3-2．3-1．で「広報」を含んで回答された自治体にお聞きします。その具体的な目的を教えて下さい。
　　1.観光客誘致等のまちおこし，地域活性化を念頭に置いた地域情報発信
　　2.自治体から当該住民等への情報提供やお知らせ　3.行政過程の透明化を念頭に置いた行政情報の公開・提供　4.その他（　　　　　　　　　　　　　）
3-3．3-1．で「広報」を含んで回答された自治体にお聞きします。他の広報活動のツールと比較してどう評価していますか。(この設問は，一つだけ選んで下さい）。
　　1.比較して機能的価値がとても高い　2.比較して機能的価値はやや高い
　　3.同程度　4.比較して機能的価値がやや低い　5.比較して機能的価値はとても低い
3-4．3-1．で「広聴」を含んで回答された自治体にお聞きします。具体的な広聴活動の目的は何ですか。
　　1.自治体行政全般への意見聴取　　2.ホームページを見た感想等の意見聴取
　　3.政策過程への住民参加　　4.その他（　　　　　　　　　　　　　　　）
3-5．3-1．で「広聴」を含んで回答された自治体にお聞きします。他の広聴活動のツールと比較して，どう評価していますか。(この設問は，一つだけ選んで下さい）。
　　1.比較して機能的価値がとても高い　2.比較して機能的価値はやや高い
　　3.同程度　4.比較して機能的価値がやや低い　5.比較して機能的価値はとても低い
3-6．3-1．で「広聴」を含んで回答された自治体にお聞きします。このインターネットを利用した広聴活動は，住民の行政参加手段と位置づけていますか。(この設問は，一つだけ選んで下さい）。
　　1.はい　　2.いいえ　　3.広聴活動ではあるが行政参加手段とまでは考えない
3-7．全自治体にお聞きします。現在は実施していないが，今後採用する予定のインターネット上の広聴活動（広く住民参加手段を含む）の方法は何かありますか（例：電子メール，電子会議室，ホームページ上のアンケート，メーリング・リ

スト等)。
   1. ある（どの方法ですか：　　　　　　　　　　　　　　　　）
     （それは具体的に何に利用されますか：　　　　　　　　　）
   2. ない

4. 目的とする受け手への方向性などについてお聞きします。
4-1. 主たる目的とする受け手の対象地域をどこに置いていますか。(複数回答可)
   1. 当該自治体　2. 岩手県民　3. 東北地方　4. 日本全国　5. 外国
4-2. 4-1. で複数○を付けた自治体にお聞きします。その優先順位はいかがでしょうか。
   第1位(　) 第2位(　　) 第3位(　　) 第4位(　　) 第5位(　　)
4-3. 4-1. で「1. 当該自治体」を含んで回答された自治体にお聞きします。現状の比率は別にして，本来理想的な内容構成（のバランス）はどのようにあるべきと考えますか。(一つだけ選択)
   1. 当該地域外向けのみ　　　　2. 当該地域外向けの内容が圧倒的に多いこと
   3. 当該地域外向けの内容がやや多い　4. 半々　5. 当該自治体住民向けのみ
   6. 当該自治体住民向けの内容が圧倒的に多い　7. 当該自治体住民向けの内容がやや多いこと　8. その他（　　　　　　　　　　　　　　　）
4-4. その理由はどのようなものによるのでしょうか。
   (　　　　　　　　　　　　　　　　　　　　　　　　　　　)
4-5. ホームページ開設にあたって，何らかの周知方法をとりましたか。
   1. 行なった　　2. 行なっていない
4-6. 4-5. で「1. 行なった」を回答された自治体にお聞きします。周知方法とは具体的に何ですか。
   1. 検索エンジンへの登録　　　2. 他団体のホームページへのリンク依頼
   3. 当該自治体住民への広報（具体的方法：　　　　　　　　　　　）
   4. 地域外への広報（具体的方法：　　　　　　　　　　　　　　　）
   5. その他（　　　　　　　　　　　）［複数回答可］
4-7. 提供されている情報について，お聞きします。情報は定期的に更新していますか。
   1. はい（　　）日に1回位　2. 不定期　3. その他（　　　　　　　）

5. インターネットを使った自治体広報活動の評価についてお聞きします。
5-1. 現時点において，ホームページを開設したことについてどのように評価して

いますか。
　　1. とても満足　　2. やや満足　　3. 普通　　4. やや不満　　5. 全く不満
5-2. 他の広報活動（狭義の広報，広聴を含む）の手段と比較してみるとどう評価していますか。
　　1. 比較して機能的価値がとても高い　　2. 比較して機能的価値はやや高い
　　3. 同程度　　　　　　　　　　　　　　4. 比較して機能的価値がやや低い
　　5. 比較して機能的価値はとても低い
5-3. インターネットを使った自治体広報活動は，今後一般化していくと思われますか。
　　1. 思う　　　2. 思わない（理由：　　　　　　　　　　　　　　　　　　　）
5-4. 貴団体のインターネットを使った自治体広報活動の今後の課題は何とお考えですか。（　　　　　　　　　　　　　　　　　　　　　　　　　　　　　　　）

問B

1. 今後貴自治体において，ホームページを開設する予定はありますか。
　　1. ある（具体的時期：　　　　　　　　）　2. 検討中　　3. ない

2. 1. で「3. ない」とお答えになった自治体にお聞きします。それは何故でしょうか［複数回答可］。
　　1. 必要に思わない　　2. 予算的問題　　3. その方面に明るい人材がいない
　　4. その他（　　　　　　　　　　　　　　　　　　　　　　　　　　　　　）

3. 現在電子メールを電話やfax等と同様に，苦情，要望等の受け付けなどの広聴活動のツールとして使用していますか。
　　1. 使用している　　　　　　　　2. 使用していない

4. 3. の設問で「1. 使用している」とお答えになった自治体にお聞きします。ホームページの開設までに至っていない理由はやはり，2. の設問と同じ理由によるのでしょうか。
　　1. はい　　　2. いいえ（理由：　　　　　　　　　　　　　　　　　　　　）

5. インターネットを使った自治体広報活動は，今後一般化していくと思われますか。
　　1. 思う　　　2. 思わない（理由：　　　　　　　　　　　　　　　　　　　）

6. インターネット（特にＷＷＷ）を使った自治体広報活動について，何かご意見がおありでしたらご記入下さい。
 　　（　　　　　　　　　　　　　　　　　　　　　　　　　　）

アンケートにご協力本当に有り難うございました。

第2回インターネットを利用した自治体広報活動に関するアンケート調査
（前回調査でホームページ既開設自治体用）

・1998年7月5日現在でご回答下さい
・該当するところに漏れなく○，もしくはご記入をお願い致します（回答は可能な範囲で結構です）。
・このアンケート調査の結果を含んだ調査報告書の送付を希望されますか。
　　希望する　　　　希望しない

　　貴自治体名（　　　　　　　　　）市　町　村
ご記入者部署・職名（　　　　　・　　）氏名（　　　　　　　　　）
電話番号（　　（　　　）　　　　（内線）　　）E-mail（　　　　　　）

設問
1. インターネットによる広報活動の活動体制についてお聞きします。
1-1. インターネットによる広報活動は，どの部署で進めていますか。（正式部，課名）
　1.広報関係（名称：　　　　　　　）2.情報化関係（名称：　　　　　　）
　3.その他（名称：　　　　）
1-2. 何名で従事されていますか。（　　　　　　）名
1-3. 専従で担当されている方はいますか。1.いる（　　　）名　　2.いない

2. ホームページ開設の目的などについてお聞きします。[2-2, 4, は，複数回答可]
2-1. その開設の主たる目的は何でしょう（この設問は，一つだけ選んで下さい）。
　1.（狭義の)広報及び広聴手段　2.（狭義の）広報手段　3.広聴手段
　4.その他（　　　　　　　　　　　　　　　　　　　　　　　　）
2-2. 2-1. で「広報」を含んで回答された自治体にお聞きします。その具体的な目的を教えて下さい。
　1.観光客誘致等のまちおこし，地域活性化を念頭に置いた地域情報発信
　2.自治体から当該住民等への情報提供やお知らせ　3.行政過程の透明化を念頭に置いた行政情報の公開・提供　4.その他（　　　　　　　　　　　　　）
2-3. 2-1. で「広報」を含んで回答された自治体にお聞きします。他の広報活動のツールと比較してどう評価していますか。（この設問は，一つだけ選んで下さい）。

1. 比較して機能的価値がとても高い　　2. 比較して機能的価値はやや高い
　　3. 同程度　4. 比較して機能的価値がやや低い　　5. 比較して機能的価値はとても低い

2-4. 2-1. で「広聴」を含んで回答された自治体にお聞きします。具体的な広聴活動の目的は何ですか。
　　1. 自治体行政全般への意見聴取　　2. ホームページを見た感想等の意見聴取
　　3. 政策過程への住民参加　4. その他（　　　　　　　　　　　　　　　　　）

2-5. 2-1. で「広聴」を含んで回答された自体にお聞きします。他の広聴活動のツールと比較して、どう評価していますか（この設問は、一つだけ選んで下さい）。
　　1. 比較して機能的価値がとても高い　　2. 比較して機能的価値はやや高い
　　3. 同程度　4. 比較して機能的価値がやや低い　　5. 比較して機能的価値はとても低い

2-6. 2-1で「広聴」を含んで回答された自体にお聞きします。このインターネットを利用した広聴活動は、住民の行政参加手段と位置づけていますか（この設問は、一つだけ選んで下さい）。
　　1. はい　　2. いいえ　　3. 広聴活動ではあるが行政参加手段とまでは考えない

2-7. 全自治体にお聞きします。現在は実施していないが、今後採用する予定のインターネット上の広聴活動（広く住民参加手段として）の方法は何かありますか（例：電子メール、電子会議室、ホームページ上のアンケート、メーリング・リスト等）。
　　1. ある（どの方法ですか：　　　　　　　　　　　　　　　　　　　　　　　）
　　　　　（それは具体的に何に利用されますか：　　　　　　　　　　　　　　　）
　　2. ない

3. 目的とする受け手への方向性などについてお聞きします。
3-1. 主たる目的とする受け手の対象地域をどこに置いていますか［複数回答可］。
　　1. 当該自治体　2. 岩手県民　3. 東北地方　4. 日本全国　5. 外国

3-2. 3-1.で複数○を付けた自治体にお聞きします。その優先順位はいかがでしょうか。
　　第1位（　　）第2位（　　　）第3位（　　　）第4位（　　　）第5位（　　　）

3-3. 3-1. で「1. 当該自治体」を含んで回答された自治体にお聞きします。現状の比率は別にして、本来理想的な内容構成（のバランス）はどのようにあるべきと考えますか（1つだけ選択）。
　　1. 当該地域外向けのみ　2. 当該地域外向けの内容が圧倒的に多いこと

3. 当該地域外向けの内容がやや多い　　4. 半々　　5. 当該自治体住民向けのみ
6. 当該自治体住民向けの内容が圧倒的に多い　　7. 当該自治体住民向けの内容がやや多いこと　　8. その他

3-4．その理由はどのようなものによるのでしょうか？
　　（　　　　　　　　　　　　　　　　　　　　　　　　　　　　）
3-5．提供されている情報について，お聞きします。情報は定期的に更新していますか。
　　1. はい（　　）日に1回位　　2. 不定期　　3. その他（　　　　　　　　　）

4．インターネットを使った自治体広報活動の評価についてお聞きします。
4-1．現時点において，ホームページを開設したことについてどのように評価していますか。
　　1. とても満足　　2. やや満足　　3. 普通　　4. やや不満　　5. 全く不満
4-2．他の広報活動（狭義の広報，広聴を含む）の手段と比較してみるとどう評価していますか。
　　1. 比較して機能的価値がとても高い　　2. 比較して機能的価値はやや高い
　　3. 同程度　　4. 比較して機能的価値がやや低い　　5. 比較して機能的価値はとても低い
4-3．インターネットを使った自治体広報活動は，今後一般化していくと思われますか。
　　1. 思う　　2. 思わない（理由：　　　　　　　　　　　　　　　　　　　）
4-4．貴団体のインターネットを使った自治体広報活動の今後の課題は何とお考えですか。
　　（　　　　　　　　　　　　　　　　　　　　　　　　　　　　）

アンケートへのご協力本当に有り難うございました。

第3回　アンケート調査(2000年)質問票

第3回インターネットを利用した自治体広報活動に関するアンケート調査
（第2回調査でホームページ未開設自治体用）

・2000年8月15日現在でご回答下さい
・該当するところに漏れなく○，もしくはご記入をお願い致します。
・このアンケートの調査結果では自治体名は伏せますので，率直にお答え下さい。
・このアンケート調査の結果を含んだ調査報告書の送付を希望されますか。
　　希望する　　　　希望しない

　　　貴自治体名（　　　　　　　　　）市　町　村
ご記入者部署・職名（　　　　　・　　　）氏名（　　　　　　　　　）
電話番号（　　　　）　　　　（内線：　　　）E-mail（　　　　　　　　）

設問
① ホームページの開設年月日とホームページアドレスを教えて下さい。
　　19（　　）年（　　）月（　　）日（大体で構いません）
　　ホームページアドレス（　　　　　　　　　　　　　　　）

② インターネットによる広報活動の活動体制についてお聞きします。
2-1. インターネットによる広報活動は，どの部署で進めていますか。（正式部，課名）
　　1.広報関係（名称：　　　　　　　）　2.情報化関係（名称：　　　　　　　）
　　3.その他（名称：　　　　　　　）
2-2. 何名で従事されていますか。（　　　）名
2-3. 専従の方はいますか。1.いる（　　　）名　　　2.いない
2-4. 広報部門は貴自治体のインターネット活用に際し，そのコンテンツ（内容）に関してトータルな情報提供基準などの面で総合調整的な役割を担っていますか？それとも，情報提供の基準，度合い（どの程度提供するか）は，専ら各提供する部門に任されていますか？
　　1. 総合調整的な役割を担っている　　2. 内容面の基準,度合いは専ら提供部門に

任されている　　3.その他（　　　　　　　　　　　　　　　　　　　）

③　インターネット活用の目的，ホームページの内容面についてお聞きします。
3-1．そのホームページ開設の主たる目的は何でしょうか（この設問は，一つだけ選んで下さい）。
　　1．（狭義の）広報及び広聴手段　　2．（狭義の）広報手段　　3．広聴手段
　　4．その他（　　　　　　　　　　　　　　　　　　　　　　　　　　）

＊「広報」面に関して
3-2．3-1.で「広報」を含んで回答された自治体にお聞きします。その具体的な目的を教えて下さい。（この設問は複数回答可です）
　　1．観光客誘致等のまちおこし，地域活性化を念頭に置いた地域情報発信
　　2．自治体から当該住民等への情報提供やお知らせ　3．行政過程の透明化を念頭に置いた行政情報の公開・提供　　4．政策過程への住民参加に資する政策情報の公開・提供　5．その他（　　　　　　　　　　　　　　　　　　　）
3-3．上記（3-1.と3-2.）の開設目的，具体的目的は，それぞれ現時点（開設当初から時間を経た）での活用の理由と変化ありませんか。
　　1．変わりない　2．変わった　3．その他（理由：　　　　　　　　　　　）
3-4．3-2.の設問で「3．行政過程の透明化を念頭に置いた行政情報の公開・提供」を選択しなかった自治体にお聞きします。その理由は何でしょうか？（複数回答可）
　　1．必要性を感じない　　　2．手間がかかる　　　3．上層部の説得が難しい
　　4．情報の提供元である直接の担当部門にその動きがない
　　5．その他（　　　　　　　　　　　　　　　　　　　　　　　　　　）
3-5．3-2.の設問で「3．行政過程の透明化を念頭に置いた行政情報の公開・提供」を選択しなかった自治体にお聞きします。今後このような公開・提供を取り入れる予定はおありですか？
　　1．ある（具体的内容：　　　　　　　　　　　　　　）　2．ない
3-6．3-2.の設問で「4．政策過程への住民参加に資する政策情報の公開・提供」を選択しなかった自治体にお聞きします。その理由は何でしょうか？（複数回答可）
　　1．必要性を感じない　　　2．手間がかかる　　　3．上層部の説得が難しい
　　4．情報の提供元である直接の担当部門にその動きがない
　　5．その他（　　　　　　　　　　　　　　　　　　　　　　　　　　）
3-7．3-2.の設問で「4．政策過程への住民参加に資する政策情報の公開・提供」を

選択しなかった自治体にお聞きします。今後このような公開・提供を取り入れる予定はおありですか？

　1. ある（具体的内容：　　　　　　　　　　　　　　）　2. ない

3-8. 3-2. の設問で「3. 行政過程の透明化を念頭に置いた行政情報の公開・提供」を含んでお答えになった自治体にお聞きします。具体的にどのようなことを行っていますか？（複数回答可）

　1. 条例・例規集等の提供　2. 審議会等の議事録公開・提供　3. 食糧費,交際費等の公開・提供　4. 記者発表資料の公開・提供　5. その他（　　　　　　　　）

3-9. 3-2. の設問で「4. 政策過程への住民参加に資する政策情報の公開・提供」を含んでお答えになった自治体にお聞きします。具体的にどのようなことを行っていますか？（例：○○への参加に資するために○○の情報を公開・提供）
（　　　　　　　　　　　　　　　　　　　　　　　　　　　　　　　）

3-10. 全ての自治体にお聞きします。今後「行政過程の透明化を念頭に置いた行政情報の公開・提供」の手段としてインターネットの活用は一般化していくと思われますか？

　1. 思う　　2. 思わない（理由：　　　　　　　　　　　　　　　　　）

3-11. 全ての自治体にお聞きします。今後「政策過程への住民参加に資する政策情報の公開・提供」の手段としてインターネットの活用は一般化していくと思われますか？

　1. 思う　　2. 思わない（理由：　　　　　　　　　　　　　　　　　）

3-12. 3-1. の設問で「広報」を含んで回答された自治体にお聞きします。他の（狭義の）広報活動のツールと比較して，現時点でどのように評価していますか。（この設問は，一つだけ回答を選んで下さい）。

　1. 比較して機能的価値がとても高い　　2. 比較して機能的価値はやや高い
　3. 同程度　　4. 比較して機能的価値がやや低い　　5. 比較して機能的価値はとても低い

3-13. ホームページ以外の広報ツールを用いて何か行っていますか？あるいは今後行う予定はありますか？

　1. 行っている（具体的方法：　　　　　　　　　　　　　　　　　　　）
　2. 行っていない（a. 今後予定あり[具体的方法：　　　　　　　] b. 今後予定なし）

＊「広聴」に関して

3-14. 3-1. の設問で「広聴」を含んで回答された自治体にお聞きします。具体的な広聴活動の目的は何でしょうか。（複数回答可）

1. 自治体行政全般への意見聴取　　2. ホームページを見た感想等の意見聴取
3. 住民からの質問，要望の受付　　4. 政策過程への住民参加
5. その他（　　　　　　　　　　　　　　　　　　　　　　　　　　　）

3-15. 3-14.の設問で「4.政策過程への住民参加」を含んで回答された自治体にお聞きします。具体的にそのような手段として何か活用されていますか？
1. 活用している（具体的な活用内容：　　　　　　　　　　　　　　）
2. 現在はまだない

3-16. 3-1.で「広聴」を含んで回答された自治体にお聞きします。他の広聴活動のツールと比較して，現時点でどのように評価していますか。（この設問は一つだけ選んで下さい）。
1. 比較して機能的価値がとても高い　　2. 比較して機能的価値はやや高い
3. 同程度　　4. 比較して機能的価値がやや低い　　5. 比較して機能的価値はとても低い

3-17. 全ての自治体にお聞きします。今後「政策過程への住民参加」手段としてインターネットの活用は一般化していくと思われますか。
1. 思う　2. 思わない（理由：　　　　　　　　　　　　　　　　　）

3-18. 現在「サイバー住民」制度などを設け，インターネットを使って，地域内，地域外の人々から自治体行政への意見聴取などを行っていますか？あるいは今後行う予定はありますか？
1. 行っている　2. 行っていない（a. 今後予定あり　　　b. 今後予定なし）

3-19. 広聴ツールとして，電子メール以外に活用しているもの（例：電子会議室，ML等）はありますか？また今後活用予定はありますか。
1. 現在活用している（活用ツール：　　　　　　　　　　　　　　　）
2. 現在活用していない（a. 今後予定あり [　　　　　　　] b. 今後予定なし）

④　目的とする受け手への方向性などについてお聞きします。

4-1. 主たる目的とする受け手の対象地域をどこに置いていますか。（複数回答可）
1. 当該自治体　2. 岩手県民　3. 東北地方　4. 日本全国　5. 外国

4-2. 4-1.の設問でお答えになった回答を，対象として考慮する度合いの大きい順にお並べ下さい。
第1位（　　）第2位（　　　）第3位（　　　）第4位（　　　）第5位（　　　）

4-3. 全ての自治体にお聞きします。現状の比率は別にして，本来理想的な内容構成はどのようにあるべきとお考えですか。（この設問は一つだけ選択して下さい）
1. 当該地域外向けのみ　　　　　2. 当該地域外向けの内容が圧倒的に多いこと

3. 当該地域外向けの内容がやや多い　　4. 半々　　5. 当該自治体住民向けのみ
　　　6. 当該自治体住民向けの内容が圧倒的に多い　　7. 当該自治体住民向けの内容
　　　がやや多いこと　8. その他（　　　　　　　　　　　　　　　　　　　　　）
4-4. その理由はなぜでしょうか。（　　　　　　　　　　　　　　　　　　　　　）
4-5. ホームページ開設にあたって，何らかの周知方法をとりましたか。
　　　1. 行なった　　　2. 行なっていない
4-6. 4-5. で「1. 行なった」を回答された自治体にお聞きします。周知方法とは具
　　　体的に何ですか。［複数回答可］
　　　1. 検索エンジンへの登録　　2. 他団体のホームページへのリンク依頼
　　　3. 当該自治体住民への広報（具体的方法：　　　　　　　　　　　　　　）
　　　4. 地域外への広報（具体的方法：　　　　　　　）5. その他（　　　　　　）
4-7. 提供されている情報について，お聞きします。情報は定期的に更新していま
　　　すか。
　　　1. はい（　　　）日に1回位　　2. 不定期　　3. その他（　　　　　　　　）

⑤　インターネットを使った自治体広報活動全般の評価についてお聞きします。
5-1. 現時点において，ホームページを開設したことについて，どのように評価し
　　　ていますか。
　　　1. とても満足　　2. やや満足　　3. 普通　　4. やや不満　　5. 全く不満
5-2. 他の広報活動（狭義の広報，広聴を含む）の手段と比較して，総合的に見る
　　　とどう評価しますか。
　　　1. 比較して機能的価値がとても高い　　2. 比較して機能的価値はやや高い
　　　3. 同程度　　4. 比較して機能的価値がやや低い　　5. 比較して機能的価値はと
　　　ても低い
5-3. 貴団体のインターネットを使った自治体広報活動の現在抱えている課題は何
　　　でしょうか？
　　　（　　　　　　　　　　　　　　　　　　　　　　　　　　　　　　　　　）

アンケートへのご協力本当に有り難うございました。

第3回インターネットを利用した自治体広報活動に関するアンケート調査
（前回調査でホームページ既開設自治体用）

・2000年8月15日現在でご回答下さい
・該当するところに漏れなく○，もしくはご記入をお願い致します。
・このアンケートの調査結果では自治体名は伏せますので，率直にお答え下さい。
・このアンケート調査の結果を含んだ調査報告書の送付を希望されますか。
　　希望する　　　　　希望しない

　　　貴自治体名（　　　　　　　　　　　）市　町　村
　ご記入者部署・職名（　　　　　　・　　　）氏名（　　　　　　　　　）
　電話番号（　　　（　　　）　　　（内線）　　　　）E-mail（　　　　　）

設問
① インターネットによる広報活動の活動体制についてお聞きします。
1-1. インターネットによる広報活動は，どの部門で進めていますか。（正式部，課名）
　1.広報関係（名称：　　　　　　）　2.情報化関係（名称：　　　　　　）
　3.その他　（名称：　　　　　　　　　　　　　　　　　　　　　　　　）
1-2. 何名で従事されていますか。（　　　）名
1-3. 専従で担当されている方はいますか。1. いる（　　　）名　2. いない
1-4. 広報部門は，貴自治体のインターネット活用に際し，そのコンテンツ（内容）に関してトータルな情報提供基準などの面で総合調整的な役割を担っていますか？それとも情報提供の基準，度合い（どの程度提供するか）は専ら各提供する部門に任されていますか？
　1. 総合調整的な役割を担っている　　2. 内容面の基準，度合いは専ら提供部門に任されている　　3. その他（　　　　　　　　　　　　　　　　　　　）

② インターネット活用の目的，ホームページの内容などについてお聞きします。
2-1. 現時点でのその活用の目的は何でしょう（この設問は，一つだけ選んで下さい）。
　1.（狭義の）広報及び広聴手段　　2.（狭義の）広報手段　　3. 広聴手段
　4. その他（　　　　　　　　　　　　　　　　　　　　　　　　　　　）
2-2. 2-1. で「広報」を含んで回答された自治体にお聞きします。その具体的な目

的を教えて下さい。(複数回答可)
　1. 観光客誘致等のまちおこし、地域活性化を念頭に置いた地域情報発信
　2. 自治体から当該住民等への情報提供やお知らせ　3. 行政過程の透明化を念頭に置いた行政情報の公開・提供　4. 政策過程への住民参加に資する政策情報の公開・提供　5. その他（　　　　　　　　　　　　　　　　　　　　　）

2-3. 上記（2-1.と2-2.）の現時点での活用目的具体的目的は、それぞれ開設当初の活用理由と変化ありませんか？
　1. 変わりない　　2. 変わった（理由：　　　　　　　　　　　　　　　）

2-4. 2-2.の設問で「3. 行政過程の透明化を念頭に置いた行政情報の公開・提供」を選択しなかった自治体にお聞きします。その理由は何でしょうか？［複数回答可］
　1. 必要性を感じない　　2. 手間がかかる　　3. 上層部の説得が難しい
　4. その他（　　　　　　　　　　　　　　　　　　　　　　　　　　）

2-5. 2-2.の設問で「3. 行政過程の透明化を念頭に置いた行政情報の公開・提供」を選択しなかった自治体にお聞きします。今後このような公開・提供を取り入れる予定はおありですか？
　1. ある（具体的内容：　　　　　　　　　　　　　　）　2. ない

2-6. 2-2.の設問で「4. 政策過程への住民参加に資する政策情報の公開・提供」を選択しなかった自治体にお聞きします。その理由は何でしょうか？［複数回答可］
　1. 必要性を感じない　　2. 手間がかかる　　3. 上層部の説得が難しい
　4. その他（　　　　　　　　　　　　　　　　　　　　　　　　　　）

2-7. 2-2.の設問で「4. 政策過程への住民参加に資する政策情報の公開・提供」を選択しなかった自治体にお聞きします。今後このような公開・提供を取り入れる予定はおありですか？
　1. ある（具体的内容：　　　　　　　　　　　　　　）　2. ない

2-8. 2-2.の設問で「3. 行政過程の透明化を念頭に置いた行政情報の公開・提供」を含んでお答えになった自治体にお聞きします。具体的にどのようなことを行っていますか？［複数回答可］
　1. 例規集等の提供　2. 審議会等の議事録公開・提供　3. 食糧費、交際費等の公開・提供　4. 記者発表資料の公開・提供　5. その他（　　　　　　　　）

2-9. 2-2.の設問で「4. 政策過程への住民参加に資する政策情報の公開・提供」を含んでお答えになった自治体にお聞きします。具体的にどのようなことを行っていますか？（例：○○への参加に資するために○○の情報を公開・提供）

（　　　　　　　　　　　　　　　　　　　　　　　　　　　）
2-10. 全ての自治体にお聞きします。今後「行政過程の透明化を念頭に置いた行政情報の公開・提供」の手段としてインターネットの活用は一般化していくと思われますか？
　　1. 思う　　　　2. 思わない（理由：　　　　　　　　　　　　　　　）
2-11. 全ての自治体にお聞きします。今後「政策過程への住民参加に資する政策情報の公開・提供」の手段としてインターネットの活用は一般化していくと思われますか？
　　1. 思う　　　　2. 思わない（理由：　　　　　　　　　　　　　　　）
2-12. 2-1. の設問で「広報」を含んで回答された自治体にお聞きします。他の（狭義の）広報活動のツールと比較して、現時点でどのように評価していますか。（この設問は，一つだけ回答を選んで下さい）。
　　1. 比較して機能的価値がとても高い　　2. 比較して機能的価値はやや高い
　　3. 同程度　4. 比較して機能的価値がやや低い　5. 比較して機能的価値はとても低い
2-13. ホームページ以外の広報ツールを用いて何か行っていますか？あるいは今後行う予定はありますか？
　　1. 行っている（具体的方法：　　　　　　　　　　　　　　　　　　　）
　　2. 行っていない（a. 今後予定あり［具体的方法：　　　　　　　］b. 今後予定なし）

＊「広聴」に関して
2-14. 2-1. の設問で「広聴」を含んで回答された自治体にお聞きします。具体的な広聴活動の目的は何でしょうか。［複数回答可］
　　1. 自治体行政全般への意見聴取　　2. ホームページを見た感想等の意見聴取
　　3. 住民からの質問，要望の受付　　4. 政策過程への住民参加
　　5. その他（　　　　　　　　　　　　　　　　　　　　　　　　　　　）
2-15. 2-14. で「4. 政策過程への住民参加」を含んで回答された自治体にお聞きします。具体的にそのような手段として何か活用されていますか？
　　1. 活用している（具体的な活用内容：　　　　　　　　　　　　　　　）
　　2. 現在はまだない
2-16. 2-1. で「広聴」を含んで回答された自治体にお聞きします。他の広聴活動のツールと比較して，現時点でどのように評価していますか。（この設問は一つだけ選んで下さい）。
　　1. 比較して機能的価値がとても高い　　2. 比較して機能的価値はやや高い

3. 同程度　　4. 比較して機能的価値がやや低い　　5. 比較して機能的価値はとても低い

2-17. 全ての自治体にお聞きします。今後「政策過程への住民参加」手段としてインターネットの活用は一般化していくと思われますか？
　　　1. 思う　　2. 思わない（理由：　　　　　　　　　　　　　　　　　　）

2-18. 現在「サイバー住民」制度などを設け，インターネットを使って，地域内，地域外の人々から自治体行政への意見聴取などを行っていますか？あるいは今後行う予定はありますか？
　　　1. 行っている　　2. 行っていない（a. 今後予定あり　　b. 今後予定なし）

2-19. 広聴ツールとして，電子メール以外に活用しているもの（例：電子会議室，ML等）はありますか？また，今後活用予定はありますか？
　　　1. 現在活用している（活用ツール：　　　　　　　　　　　　　　　　　）
　　　2. 現在活用していない（a.今後予定あり［　　　　　　　］b. 今後予定なし）

③　目的とする受け手への方向性などについてお聞きします。

3-1. 主たる目的とする受け手の対象地域をどこに置いていますか？［複数回答可］
　　　1. 当該自治体　　2. 岩手県民　　3. 東北地方　　4. 日本全国　　5. 外国

3-2. 3-1.でお答えになった回答を，対象として考慮する度合いの大きい順にお並べ下さい。
　　　第1位（　　）第2位（　　）第3位（　　）第4位（　　）第5位（　　）

3-3. 全ての自治体にお聞きします。現状の比率は別にして，本来理想的な内容構成はどのようにあるべきと考えますか。（この設問は一つだけ選択して下さい）
　　　1. 当該地域外向けのみ　　　　　2. 当該地域外向けの内容が圧倒的に多いこと
　　　3. 当該地域外向けの内容がやや多い　　4. 半々　　5. 当該自治体住民向けのみ
　　　6. 当該自治体住民向けの内容が圧倒的に多い　　7. 当該自治体住民向けの内容がやや多いこと　　8. その他（　　　　　　　　　　　　　　　　　　　）

3-4. その理由はなぜでしょうか？（　　　　　　　　　　　　　　　　　　　　）

3-5. 提供されている情報について，お聞きします。情報は定期的に更新していますか。
　　　1. はい（　　　　）日に1回位　　2. 不定期　　3. その他（　　　　　　　）

④　インターネットを使った自治体広報活動全般の評価についてお聞きします。

4-1. 現時点において，ホームページを開設したことについてどのように評価していますか。

1. とても満足　　2. やや満足　　3. 普通　　4. やや不満　　5. 全く不満
4-2．他の広報活動（狭義の広報，広聴を含む）の手段と比較して，総合的に見るとどう評価しますか。
　　1. 比較して機能的価値がとても高い　　　2. 比較して機能的価値はやや高い
　　3. 同程度　　4. 比較して機能的価値がやや低い　　5. 比較して機能的価値はとても低い
4-3．貴団体のインターネットを使った自治体広報活動の現在抱えている課題は何でしょうか？（　　　　　　　　　　　　　　　　　　　　　　　　　　）

アンケートへのご協力本当に有り難うございました。

都道府県アンケート調査(1998年) 質問票

新しい行政参加ルートとしての自治体インターネット
　　　　　　　～全都道府県アンケート調査

・1998年7月5日現在でご回答下さい
・該当するところに漏れなく○，もしくはご記入をお願い致します。(回答は可能な範囲で結構です)。このアンケート調査の結果を含んだ調査報告書の送付を希望されますか。
　　希望する　　　　希望しない

　　貴自治体名（　　　　　　　）都　道　府　県
ご記入者部署・職名（　　　　・　　　）氏名（　　　　　　　　）
電話番号（　　（　　　）　　　（内線）　　）E-mail（　　　　　）

設問
1. いつ頃ホームページを開設されましたか。また，ホームページのアドレスも教えて下さい。
　　19（　　）年（　　）月（　　）日（大体で構いません）
　　ホームページアドレス（　　　　　　　　　　　　　　　）

2. インターネットによる広報活動の活動体制についてお聞きします。
2-1. インターネットによる広報活動は，どの部署で進めていますか。(正式部，課名)
　　1. 広報関係（名称：　　　　　） 2. 情報化関係（名称：　　　　　）
　　3. その他（名称：　　　　　）
2-2. 何名で従事されていますか。（　　）名
2-3. 専従で担当されている方はいますか。1. いる（　　）名　　2. いない

3. HP開設の目的・内容などについてお聞きします。[問3は3-3, 6は，複数回答可]
3-1. その開設の主たる目的は何でしょう（この設問は，一つだけ選んで下さい）。

1.（狭義の）広報及び広聴手段　　2.（狭義の）広報手段　　3. 広聴手段
　　4. その他（　　　　　　　　　　　　　　　　　　　　　　　　　　）
3-2. 3-1. で「広報」を含んで回答された自治体にお聞きします。他の広報活動の
　　ツールと比較してどう評価していますか。(この設問は，一つだけ選んで下さい)。
　　1. 比較して機能的価値がとても高い　　　2. 比較して機能的価値はやや高い
　　3. 同程度　　4. 比較して機能的価値がやや低い　　5. 比較して機能的価値はと
　　ても低い
3-3. 3-1. で「広報」を含んで回答された自治体にお聞きします。その具体的な目
　　的を教えて下さい。
　　1. 観光客誘致等のまちおこし，地域活性化を念頭に置いた地域情報発信
　　2. 自治体から当該住民等への情報提供やお知らせ　3. 行政過程の透明化を念頭
　　に置いた行政情報の公開・提供　4. その他（　　　　　　　　　）(複数回答可)
　　3-3-1. 上記3-3.で「3. 行政過程の透明化を念頭に置いた行政情報の公開・提供」
　　を選んだ自治体にお聞きします。具体的には，どのようなことを行われていま
　　すか。
　　（　　　　　　　　　　　　　　　　　　　　　　　　　　　　　）
3-4. その実施は，一連の食糧費等の不祥事，行政不信がきっかけになっています
　　か。
　　1. はい　　　2. いいえ　　　3. ノーコメント
3-5. インターネットは，今後行政の透明化のための行政情報の公開・提供手段と
　　して，定着していくと思われますか。
　　1. 思う　　　2. 思わない（理由：　　　　　　　　　　　　　　　　）
3-6. 3-1で「広聴」を含んで回答された自治体にお聞きします。具体的な広聴活動
　　の目的は何ですか。(複数回答可)
　　1. 自治体行政全般への意見聴取　2. ホームページを見た感想等の意見聴取
　　3. 政策過程への住民参加　　　4. その他（　　　　　　　　　　　　　）
3-7. 3-1で「広聴」を含んで回答された自治体にお聞きします。他の広聴活動のツ
　　ールと比較して，どう評価していますか。(この設問は，一つだけ選んで下さい)。
　　1. 比較して機能的価値がとても高い　　　2. 比較して機能的価値はやや高い
　　3. 同程度　　4. 比較して機能的価値がやや低い　　5. 比較して機能的価値はと
　　ても低い
3-8. 3-1で「広聴」を含んで回答された自治体にお聞きします。このインターネッ
　　トを利用した広聴活動は，住民の新しい行政参加手段と位置づけていますか。
　　1. はい　　2. いいえ　　3. 広聴活動ではあるが行政参加手段とまでは考えない

3-9. 今後採用する予定のインターネット上での広聴活動（広く住民参加手段を含む）の方法はありますか（これは，全都道府県にお聞きしております）。（例えば，電子メール，電子会議室，HP上のアンケート，メーリング・リスト等）。
　1. ある（どの方法ですか：　　　　　　　　　　　　　　　　　　　　　　）
（それは具体的に何に利用されますか：　　　　　　　　　　　　　　　　　　）
　2. ない
3-10. インターネットにおける（狭義の）広報，広聴のバランス（配置）をどのように考えますか。
　1. 広報が圧倒的に主体　2. 広報がやや主体　3. 半々　4. 広聴が圧倒的に主体
　5. 広聴がやや主体

4. 目的とする受け手への方向性などについてお聞きします。
4-1. 主たる目的とする受け手の対象地域をどこに置いていますか。（複数回答可）
　1. 当該自治体　2. 含まれる地方（地方の規模は，九州，四国，東北（含む北海道）等のレベル）　3. 日本全国　4. 外国
4-2. 4-1. で複数○を付けた自治体にお聞きします。その優先順位はいかがでしょうか。
　第1位（　　　）第2位（　　　）第3位（　　　）第4位（　　　）
4-3. 4-1. で「1. 当該自治体」を含んで回答された自治体にお聞きします。現状の比率は別にして，本来理想的な内容構成（のバランス）はどのようにあるべきと考えますか。（一つだけ選択）
　1. 当該地域外向けのみ　　　　2. 当該地域外向けの内容が圧倒的に多いこと
　3. 当該地域外向けの内容がやや多い　　4. 半々　5. 当該自治体住民向けのみ
　6. 当該自治体住民向けの内容が圧倒的に多い　　7. 当該自治体住民向けの内容がやや多いこと　　8. その他
4-4. その理由はどのようなものによるのでしょうか？
　（　　　　　　　　　　　　　　　　　　　　　　　　　　　　　　　　　）

5. 自治体のインターネットに関する活動の評価についてお聞きします。
5-1. 現時点において，ホームページを開設したことについてどのように評価していますか。
　1. とても満足　2. やや満足　3. 普通　4. やや不満　5. 全く不満
5-2. インターネットは，今後住民の行政参加のルートとして定着していくと思われますか。

1. 思う　　　2. 思わない（理由：　　　　　　　　　　　　　　）
5-3．貴団体のインターネットを使った自治体広報活動の今後の課題は何とお考え
　　ですか。
　　（　　　　　　　　　　　　　　　　　　　　　　　　　　　　　）

　　アンケートにご協力本当に有り難うございました。

参考文献

(あいうえお順) ＊注で挙げた文献は，基本的に外してある。

参考図書

行政情報化研究会編『行政情報化白書』ぎょうせい，1998年
情報政策研究会編『地方公共団体における地域情報化施策の概要』第一法規出版，各年版
総務省編『情報通信白書』ぎょうせい，各年版
日経BP社出版局編『デジタル大事典』日経BP社，隔年版
日本インターネット協会編『インターネット白書』インプレス，各年版
日本情報処理開発協会編『情報化白書』コンピュータ・エイジ社，各年度版
郵政省編『通信白書』大蔵省印刷局，およびぎょうせい，各年版

単行本・報告書

井出嘉憲『行政広報論』勁草書房，1967年
伊藤滋編『新時代の都市計画6高度情報化と都市・地域づくり』ぎょうせい，1999年
稲葉清毅『情報化による行政革命』ぎょうせい，1999年
井之上喬編『入門パブリックリレーションズ——双方向コミュニケーションを可能にする新広報戦略——』PHP研究所，2001年
今川晃『自治行政統制論への序曲——住民は何を統制できるか——』近代文藝社，1993年
今里滋編『分権時代の自治体職員8情報と交流のネットワーク』ぎょうせい，1999年
上村章文『自治体職員のためのIT指南』ぎょうせい，2002年
海野進『インターネット時代の地域経営』同友館，1998年
SICコンテンツ・テストベッド編『自治体職員のためのインターネット活用術』公職研，1997年
NEC電子行政推進プロジェクト編『電子政府・電子自治体入門——行政職員のためのIT活用法』ぎょうせい，2001年
NTTデータ システム科学研究所監修新開伊知郎・春日美紀・山田英二・金谷年展『eデモクラシーという地域戦略』小学館スクウェア,2002年
OA情報化政策討論集会実行委員会・自治体問題研究所編『IT・電子自治体をどう見る』自治体研究社，2001年
大石裕他編『社会と情報ライブラリ情報化と地域社会』福村出版，1996年
大石裕『地域情報化——理論と政策——』世界思想社，1995年
大野健一・福田敏彦『地域が語り始めた——自治体と情報発信』電通，1995年
神奈川県自治総合研究センター『自治体の広報戦略 平成4年度研究チームB報告書』神

奈川県自治総合研究センター，1993年
兼子仁・堀部政男編『シリーズ自治体情報政策・情報システム4　広報広聴と情報政策』，労働旬報社，1986年
川崎市総合企画局都市政策部『情報化は行政に質的飛躍をもたらすか――ネットワーク型市民参加システムの提案――平成9年度研究チームA』川崎市総合企画局都市政策部，1998年
北里敏明『新時代の地方自治6 情報化時代の自治体運営』ぎょうせい，2002年
岐阜県地方自治大学校研究部研究報告書『平成9年度　21世紀における行政広報・広聴のあり方』岐阜県地方自治大学校，1998年（http://www.pref.gifu.jp/s21401/tihoujic/index.htmで閲覧可能）
清原慶子・大森彌編『21世紀の地方自治戦略12巻ネットワーク型社会の構築』ぎょうせい，1993年
草場定男『行政PR――その変遷と展望――』公務職員研修協会，1982年
来栖紀雄『市町村の実務と課題2 広報広聴課』ぎょうせい，1992年
黒田充『地域・自治体運動のためのインターネット入門』自治体研究社，2000年
黒田充『「電子自治体」が暮らしと自治をこう変える――住基ネットとICカード、電子申請の何が問題か――』自治体研究社，2002年
自由民主党インターネット委員会編『「地域の情報化」ハンドブック』東洋経済新報社，1998年
神戸都市問題研究所編『広報・広聴の理論と実践』勁草書房，1980年
齋藤吉雄編『地域社会情報のシステム化』御茶の水書房，1999年
佐野良夫『CS［顧客満足］の実際』日本経済新聞社，1996年
島田達巳編『情報技術を活かす自治体戦略――電子政府に向けて』ぎょうせい，2001年情報
下條美智彦『ネットワーク時代の情報政策』ぎょうせい，1989年
通信総合研究所編『情報通信アウトルック2000――インターネットと垣根なき競争の時代――』NTT出版,2000年
多賀谷一照『行政情報化の理論』行政管理研究センター，2000年
茶谷達雄『自治体情報化戦略――情報化推進の勘所――』自治日報社，1993年
辻清明他編『行政学講座　第3巻　行政の過程』東京大学出版会，1976年
鶴木眞編『はじめて学ぶ社会情報論』三嶺書房，1995年
東京市町村自治調査会『市町村におけるインターネット活用の現状と課題』東京市町村自治調査会，2000年（なおこの報告書は、http://www.tama-100.or.jp/download.htmlからpdfファイルで入手可能）
東京市町村自治調査会『「電子自治体」と市町村の情報戦略――今こそe!TAMA As ONEを実現するために――』東京市町村自治調査会，2002年（なおこの報告書は、http://

www.tama-100.or.jp/download.htmlからpdfファイルで入手可能）
土橋幸男『自治体のイメージアップ戦略――自治体広報への提言――』ぎょうせい，1999年
西尾勝編『自治体の情報政策』学陽書房，1989年
西尾勝・村松岐夫編『講座行政学第5巻 業務の執行』有斐閣，1994年
日本経済新聞社・日経産業消費研究所編『全国住民サービス番付2003-04』日本経済新聞社，2003年
日本経済新聞社・日経産業消費研究所「自治体のIT戦略（上・中・下）」『日経地域情報』No.359・360・361，日本経済新聞社・日経産業消費研究所，2001年
日本経済新聞社・日経産業消費研究所「多様化する自治体のホームページ」『日経地域情報』No.289，日本経済新聞社・日経産業消費研究所，1998年
日本広告主協会Web広告研究会『IT活用早わかり企業ホームページハンドブック』インプレス，2000年
日本広報協会『川崎市調査研究委託21世紀における戦略的広報――市政情報の的確な提供とイメージアップ推進――』日本広報協会，2000年
日本広報協会『平成8年度行政広報研究会報告書』日本広報協会，1997年
日本都市センター都市行財政研究委員会『新しい都市経営の方向』ぎょうせい，1979年
野々下裕子他『爆発地域インターネット』エーアイ出版，1997年
橋本良明編『シリーズ・情報環境と社会心理1情報行動と社会心理』北樹出版，1999年
長谷川文雄他『マルチメディアが地域を変える――情報発信の戦略と実際――』電通，1997年
林紘一郎・牧野二郎・村井純監修『IT2001なにが問題か』岩波書店，2000年
林利隆・亀井昭宏編『デジタル時代の広報戦略』早稲田大学出版部，2002年
林泰義編『新時代の都市計画2 市民社会とまちづくり』ぎょうせい，2000年
平野秀康『自治体のIT戦略』学陽書房，2001年
平本一雄編『新時代の都市計画6 高度情報化と都市・地域づくり』ぎょうせい，1999年
富士総合研究所『2時間でわかる図解「電子政府」のことがよくわかる』中経出版，2001年
船津衛編『シリーズ・情報環境と社会心理2 地域情報と社会心理』北樹出版，1999年
船津衛『地域情報と地域メディア』恒星社厚生閣，1994年
堀章男『企業広報の手引〈新版〉』1998年，日本経済新聞社
本田弘『行政広報』サンワコーポレーション，1995年
本田弘『平成新時代と地方自治――プロデュース型行政の確立に向けて――』北樹出版，1993年
本田弘『現代地方自治の機能と役割』ぎょうせい，1990年
本田弘『自治体変革論』学文社，1985年
本田弘『参加型分権化の地方自治』評論社，1981年

本田弘『市民参加の政治学』日本評論社，1975年
本田弘『現代都市行政論』評論社，1971年
松下啓一『インターネットで政策づくり』学芸出版社，2000年
的石淳一『自治体広報の新展開』第一法規出版，1982年
三浦恵次『広報・宣伝の理論』大空社，1997年
三浦恵次『情報公開と自治体広報』現代ジャーナリズム出版会，1982年
三浦恵次『現代行政広報研究序説』学文社，1984年
三浦恵次他編『現代ニューメディア論』学文社，1984年
三浦恵次『地方自治体の広報活動——住民参加のすすめと行政の対応』総合労働研究所，1986年
三浦恵次『地方公務員のための行政広聴の知識——いわゆる住民運動・参加の要求をめぐって——』ぎょうせい，1974年
三浦恵次『現代行政広報の社会学』福村出版，1972年
三上俊治『改訂版情報環境とニューメディア』学文社，1996年
山中正剛・吉田勇編『現代パブリックリレーションズ論』1979年
山本登『市民意識と広聴活動』明石書店，1985年
諸橋昭夫編『電子自治体へのアプローチ——行政情報化の課題を克服する30のステップ』学陽書房，2002年
文部省科学研究費補助金・重点研究「情報化社会と人間」第1群第3班（研究代表者井出嘉憲）研究報告書『高度情報化と行政過程』信州大学教育学部，1995年

論文・その他（特集は新しい年代順に並べてある）
特集「新しい時代の広聴広報」地方自治研究資料センター編『行政フォーラム』第515号，第一法規出版，2002年8月号
特集「広報の立場から考えるIT」『広報』第593号，日本広報協会，2001年10月号
特集「IT時代の広報広聴」『都道府県展望』全国知事会，通巻515号，2001年8月号
特集「電子自治体政府の光と影」『月刊自治研』第43巻通巻501号，自治研中央推進委員会事務局，2001年6月号
特集「新世紀の電子自治体を考える——高度情報化通信ネットワーク社会へ——」地方自治研究資料センター編『自治フォーラム』第499号，第一法規出版，2001年4月号
特集「電子自治体への道標」『晨』第20巻第2号，ぎょうせい，2001年2月号
特集「世紀が変わる広報が変わる（後編）」『広報』第584号，日本広報協会，2001年1月号
特集「IT革命と電子自治体」『月刊地方自治職員研修』通巻457号，公職研，2000年9月号
特集「広報・広聴」『地方自治コンピュータ』第30巻第8号，2000年8月号
特集「ネットワーク社会に向けた行政情報化」『晨』，ぎょうせい，1999年12月号

特集「自治体におけるPR」『調査季報』第138号, 横浜市企画局政策部調査課, 1999年
特集「広報広聴活動にとってのインターネットの効力」『広報』第562号, 日本広報協会, 1999年3月号
特集「仕事が変わる, サービスを変える――自治体情報化戦略――」『晨』, ぎょうせい, 1998年11月号
特集「自治体の情報公開とアカウンタビリティー」『晨』, ぎょうせい, 1998年3月号
特集「インターネットと広報」『広報』第528号, 日本広報協会, 1996年5月号
特集「インターネット」『都市問題』第89巻第3号, 東京市政調査会, 1998年3月号
特集「LANからWANへ――1人1台時代に向けたネットワーク活用考」『晨』, ぎょうせい, 1997年10月号
特集「インターネット」『地方自治コンピュータ』第27巻第3号, 1997年3月号
特集「高度情報化と都市行政の変容」『都市問題』第87巻第6号, 東京市政調査会, 1996年6月号
特集「自治体の広報」『都市問題研究』第48巻第5号, 都市問題研究会, 1996年5月号
天野巡一「開かれた自治体」西尾勝編『21世紀の地方自治戦略10コミュニティと住民活動』ぎょうせい, 1993年
井上繁「インターネットを使った自治体の情報戦略」『計画行政』第20巻第4号, 1997年
魚谷増男「最近の地方行政における広聴活動の問題点と今後のあり方――横浜市の広聴活動の実態分析と将来の総合的指針について――」『季刊行政管理研究』第60号, 1992年
小池保夫「行政情報の共有をめぐって」『広報』第540号, 日本広報協会, 1997年
後藤直昭・覚野昭宏・東海林隆吾・谷川善治「IT時代に対応した広聴システムの構築(要約)」『月刊自治フォーラム』第499号, 地方自治研究資料センター, 2001年4月号
小宮山恵三郎「行政コミュニケーション研究――1, 2――」『茨城大学人文学部紀要コミュニケーション学科論集』第5・6号, 茨城大学人文学部, 1999年
桜井誠一「行政広報の意味とIT革命がもたらすもの」『都市政策』第103号, 神戸都市問題研究所(発売元), 2001年4月号
馬場健「第8章開かれた自治体」今川晃編『市民のための地方自治入門――行政主導型から住民参加型へ』』実務教育出版, 2002年
馬場健「情報化と情報共有――情報公開と広報・広聴(上)」『行政とADP』, 2001年5月号
馬場健「第8章施策評価の事例」武藤博已編『シリーズ図説・地方分権と自治体改革④政策形成・政策法務・政策評価』東京法令出版, 2000年
馬場健「第6章情報化と広報・広聴」宮崎伸光編『シリーズ図説・地方分権と自治体改革⑤議会改革とアカウンタビリティ』東京法令出版, 2000年
原田久「情報公開と行政広報:その機能的近接化」『都市問題研究』第53巻第4号, 2001年4月号

本田弘「住民主体の地方自治・広報活動に向けて」『広報』第570号, 日本広報協会, 1999
　　年10月号
三浦恵次・細井雅生・七條真司・枡澤秀昭・森田勝「情報公開と自治体広報に関する調査
　　研究（その一～その四)」『明治学院論叢社会学・社会福祉学研究』第59・60・61号,
　　明治学院大学社会学会, 1982年
三浦恵次「情報公開と地方自治体広報」『明治学院論叢社会学・社会福祉学研究』第57号,
　　明治学院大学社会学会, 1981年

初出一覧

(ただし,以下の初出論稿については,大幅に加筆修正を行っている)

序　章　書き下ろし

第1章　原題「インターネットを利用した自治体広報活動——岩手県内自治体アンケート調査結果を踏まえて——」『アルテス・リベラレス』第59号,岩手大学人文社会科学部,1996年。

第2章　原題「インターネットを利用した自治体広報活動[第2報]——岩手県内自治体アンケート・フォローアップ調査を踏まえて——」『アルテス・リベラレス』第63号,岩手大学人文社会科学部,1998年。

第3章　原題「インターネットを利用した自治体広報活動[第3報]——第3回岩手県内自治体アンケート調査結果を踏まえて——」『茨城大学教育学部紀要(人文・社会科学・芸術)』第51号,茨城大学教育学部,2002年。

第4章　原題「"開かれた自治体"に向けたインターネット上の試み——都道府県アンケート調査に見る自治体の意識を中心として——」『政経研究』第36巻2号,日本大学法学会,1999年。

終　章　書き下ろし

　　　　＊なお第2章,第4章は,一部財団法人電気通信普及財団の「平成9年度　電気通信に関する法律・経済・社会・文化的研究調査助成」を得て調査を実施した。

あ と が き

　インターネットに関して様々な議論はあるにしても，新しい広報広聴手段（それは新しい公衆関係を構築する手段＝コミュニケーション・ツール）としてそれが既に活用され，一定の機能を果たしつつある現状については異論はないはずである。しかし，冒頭にも述べたように，行政学研究者によるインターネット広報の本格的な研究は未だ存在していない。というよりも，それに限らず広報研究自体が現在行政学においては非常に低調であるといった方がより正確である[1]。その理由が如何なるところにあるかは定かではないが，従ってなかなか新しい広報研究者も育ちにくい状況が存在しているように思われる。

　出回っている最新の行政学のテキストにおいてさえ，広報関連で参考文献として申し訳程度に挙げられているのが，刊行後35年余りを経てもなお井出嘉憲著『行政広報論』（勁草書房，1967年）1冊だけというのは一体どう理解したらよいものだろうか（もちろん，それが，わが国の戦後行政広報論の名著であることに疑いの余地はないがそれにしても，だ）。

　一方で，その間ごく少数の研究者，実務家等によって，時代の諸変動（情報化，高齢化，国際化，環境問題等）を踏まえた行政広報研究が，地道だが着実に培われてきたのも事実である。だが他の行政学研究者はそれを知らないか，もしくは一顧だにしないのである。本書は自治体広報に関する事例研究であるが，このような事態に少しでも風穴を開けることができるならば望外の幸せである。事例研究の蓄積がまた，新たな理論研究を促すことにもなろう。筆者が文中で繰り返し述べている「自治体広報（＋論）のイノベーション」に，本書が少しでもお役に立てればと考えている。

　さて本調査研究の大半は，前任校である岩手大学在職当時に行われた。その広大な自然と美しい環境に囲まれた中（キャンパスで野生のリスを見かけた時

にはいたく感動したものだった），快適な研究環境下で成立したと言っても過言ではない。私にとって今なおイーハトーブは心のふるさとになっている。

ところで，この5年間に及ぶ調査研究はまた，調査対象である岩手県内各自治体の協力なしには当然ながら成立し得ないものであった。長きにわたり面倒なアンケート調査やヒヤリング等に何度も回答して頂き，多大なご協力を仰いだ。特に記して，各自治体ならびに関係者各位に感謝の意を表する次第である。

最後に，初の単著となる本書は，行政学畑で数少ない自治体広報研究者の草分けでもある恩師日本大学本田弘教授のお導きがなければ存在し得なかった。初出の拙稿が出るたびに貴重なお返事を頂いた。もし本田先生が広報を研究対象の1つにしていなければ，恐らく筆者は住民参加研究の枠内で小さく閉じこもっていたに違いない。

また，専門分野は異なるものの，初出の草稿段階で嫌がりもせずいつも読んで感想をくれた畏友岩手大学丸山仁助教授。さらには不安定な体調面について日頃面倒を見て頂いている寺島康医師。それぞれの方々には，本当にお世話になった。改めてお礼申し上げたい。そして，最後にやはり一番大きな支えとなったのは，妻由夏の存在であることを記しておきたいと思う。不安定な大学院時代から今日まで常に陰に陽に支えになってくれた。

多くの方々の助けを得て本書は出来上がったとはいえ，なおその内容の貧弱さ，誤りなどに関する責任は，全て著者本人に帰すべきことであることは言うまでもない。

本書の出版に際しては，大学教育出版の佐藤守氏に大変お世話になった。未然にいくつものミスを防いで頂いた。ここに，特に記してお礼申し上げる次第である。

　　　2003年春　偕楽園の梅見頃

　　　　　　　　　　　　　　　　　　　　　　　　　　　賀来　健輔

【注】
1）戦後日本の行政学書の中で，二大「講座もの」とされる辻清明他編『行政学講座（全5巻）』（東京大学出版会，1976年）と西尾勝・村松岐夫編『講座行政学（全6巻）』（有

斐閣，1994～5年）の2つの間には，約20年近い歳月が流れているが，前者には1章を割いて行政広報論を主題とする論稿（中村紀一著「広報と広聴」）があったが，後者ではなくなってしまった。このことは，その辺の状況を象徴的に物語っていよう。編者の西尾勝は，「これで良かったのであろうか，大いに思い悩んでいる」と後日談で述べてはいるが……（西尾勝「『講座行政学』の編集を終えて」『書斎の窓』有斐閣，1995年3月号，6頁）。

■著者略歴

賀来　健輔（かく・けんすけ）
1964年福岡市に生まれる。日本大学法学部政治経済学科卒業後、建設省（現国土交通省）所管国営海の中道海浜公園勤務を経て、日本大学大学院法学研究科博士後期課程政治学専攻満期退学（政治学修士）。1995年4月岩手大学人文社会科学部講師、助教授を経て2000年4月より現職。
現在　茨城大学教育学部知識経営講座（行政学研究室）助教授
　　　社団法人日本広報協会広報アドバイザー
　　　栃木県野木町情報公開審査会委員
専攻　地方自治論、行政学、政治学
関心領域　地方自治体の広報広聴活動、住民参加の制度設計、緑の政治学等。

主要著書・論文
『講座環境社会学第4巻環境運動と政策のダイナミズム』有斐閣、2001年（共著）
『ニュー・ポリティクスの政治学』ミネルヴァ書房、2000年（共編著）
『環境政治への視点』信山社、1997年（共編著）
『川崎市調査研究委託日本広報協会：21世紀における戦略的広報～市政情報の的確な提供とイメージアップ推進』日本広報協会、2000年（共著）
「行政評価と自治体広報活動」『広報』第580号、日本広報協会、2000年
「真価を問われ始めた自治体インターネット―広報広聴活動領域におけるその現状と課題―」『広報』第569号、日本広報協会、1999年他。
ご意見・ご感想　e-mail:capybara35@hotmail.com

インターネット広報の普及・進展と自治体
―五年間にわたる一地方県域レベルの調査研究を通して―

2003年9月20日　初版第1刷発行

■著　者────賀来　健輔
■発行者────佐藤　守
■発行所────株式会社 大学教育出版
　　　　　　　〒700-0953　岡山市西市855-4
　　　　　　　電話 (086) 244-1268　FAX (086) 246-0294
■印刷所────互恵印刷(株)
■製本所────(有)笠松製本所
■装　丁────ティー・ボーンデザイン事務所

Ⓒ Kensuke Kaku 2003, Printed in Japan
検印省略　落丁・乱丁本はお取り替えいたします。
無断で本書の一部または全部を複写・複製することは禁じられています。

ISBN4-88730-542-7